BASTIAT ET LA RÉACTION

CONTRE LE PESSIMISME ÉCONOMIQUE

BASTIAT ET LA RÉACTION

CONTRE LE PESSIMISME ÉCONOMIQUE

PAR

CHARLES BRUNEL

Docteur en Droit

Avocat à la Cour d'appel

‡══╪══╪══╪‡

PARIS

A. PEDONE, ÉDITEUR

LIBRAIRE DE LA COUR D'APPEL ET DE L'ORDRE DES AVOCATS

13, RUE SOUFFLOT, 13

—

1901

INTRODUCTION

Dans la deuxième moitié du xviiie siècle, apparaît en France une doctrine sociale qui, pour la première fois, présente le caractère d'un système complet logiquement déduit d'un principe fondamental.

Jusque-là, au point de vue économique, des procédés empiriques avaient été appliqués dans tous les États ; procédés dont on avait, après coup, édifié la théorie qui ne pouvait par conséquent pas avoir l'ampleur d'un système d'ensemble.

Cette grande nouveauté, cette conception nouvelle d'une science sociale, s'explique par le caractère du père de la doctrine, le docteur Quesnay, médecin de Louis XV, qui, par sa profession, habitué à étudier les phénomènes naturels pour y conformer ses actes, avait porté la même méthode à l'étude des phénomènes sociaux.

L'observation attentive de la vie sociale avait persuadé Quesnay qu'il existe un ordre naturel et essentiel des sociétés politiques ; ordre que la constitution physique de l'homme rend nécessaire.

La croyance à cet ordre naturel est le trait caractéristique de ce système très heureusement appelé par Dupont (de Nemours), disciple de Quesnay : Physiocratie, c'est-à-dire, gouvernement de la nature.

Pour les physiocrates, les effets les plus heureux au point de vue social doivent résulter de l'adaptation de la société à cet ordre naturel. Dupont de Nemours donne comme titre à son livre : *La Physiocratie ou Constitution naturelle du gouvernement* LE PLUS AVANTAGEUX *au genre humain*, et Quesnay écrit toujours : « L'ordre naturel *évidemment le plus avantageux aux hommes réunis en société* [1]. »

Or, rien n'est plus facile que de se soumettre à cet ordre ; il suffit de laisser agir l'homme librement, car il y a en lui quelque chose de stable et d'immuable, qui est de l'essence des lois physiques : l'intérêt personnel, qui le pousse naturellement à rechercher cet ordre.

La liberté donc mène à l'ordre naturel ; mais cet ordre est-il bien sûrement le régime le plus avantageux à la société ? En d'autres termes, est-il vrai que l'intérêt privé doive conduire fatalement à l'intérêt général, que l'harmonie sociale soit une réalité ?

Il faut en avoir l'assurance, car s'il en était autrement, il importerait peut-être d'entraver la liberté ! Les physiocrates tiennent pour *évident* l'avantage de cet ordre ; cependant, si nous cherchons à nous rendre compte de ce qui peut leur communiquer une assurance si optimiste, nous voyons que c'est une considération fort peu scientifique.

L'ordre naturel, disent-ils, est le produit des lois naturelles ; or, comme celles-ci émanent de l'auteur

[1] Quesnay, *L'Ordre naturel*, chap. V.

de toutes choses et comme l'Etre suprême est bon et
n'a pu vouloir le malheur de ses créatures, l'ordre
naturel doit être nécessairement le plus avantageux au
genre humain [1].

Voilà une raison à laquelle Malebranche eût sans
doute trouvé une valeur; mais, au point de vue économique, il nous est permis de ne pas nous en con-
tenter.

Il ne nous paraît pas évident que l'intérêt personnel doive mener nécessairement à l'intérêt général;
ce n'est pas un axiome; nous demandons des preuves.

Or, précisément, dès la fin du XVIIIe et la première
moitié du XIXe, les premiers d'entre les économistes de
l'école libérale étaient eux-mêmes arrivés, par l'étude
du fonctionnement des lois naturelles, à faire un tableau
des plus sombres, de ce que les physiocrates appelaient
l'ordre naturel.

La liberté économique se trouvait de ce fait singu-
lièrement déconsidérée, et l'idée d'harmonie sociale
tout au moins ne paraissait plus soutenable.

C'est à ce moment que, dans le monde des économistes, on vit apparaître une figure intéressante : Bastiat, dont l'amour de la liberté et la foi en l'harmonie
sociale était aussi ardente que celle des physiocrates,
mais qui entreprit avec résolution la tâche difficile de
prouver l'harmonie et de *réhabiliter* la liberté, en
l'asseyant sur une base solide et plus scientifique.

[1] Dupont de Nemours, *Origine et progrès d'une science nouvelle*. Edit. Guillaumin, p. 36.

.•.

Frédéric Bastiat, dont on vient de fêter le centenaire, est né à Bayonne le 19 juin 1801.

Il fit de très bonnes études à Sorrèze et, selon le désir de sa famille, se fixa à Mugron sur l'Adour, où il passa toute sa vie, sauf les cinq dernières années, dans une retraite studieuse.

Un article qu'il envoya en 1844 au *Journal des Economistes* le fit connaître à Paris ; il fut bientôt en relation avec le célèbre polémiste anglais Cobden et entra délibérément dans la lutte, ardente à cette époque, pour la liberté économique.

Le département des Landes l'envoya comme député à l'Assemblée constituante, puis à la Législative.

Mais il ressentit bientôt les atteintes de la maladie qui devait le faire mourir, et c'est alors que se voyant obligé d'abandonner la lutte, il songea à fixer dans un ouvrage les principes fondamentaux qui l'avaient guidé. Il n'eut pas le temps d'achever et mourut à Rome le 24 décembre 1850 [1].

Aujourd'hui encore, la popularité de Bastiat est grande ; c'est le plus connu de nom des économistes ; mais cette popularité, surtout en France, est plutôt celle qui s'attache à la mémoire d'un brillant polémiste qu'à celle d'un savant théoricien.

C'est un esprit pénétrant, empreint d'une bonhomie

[1] On trouvera la biographie détaillée et merveilleusement écrite de Bastiat par un de ses disciples, R. de Fontenay, dans le premier volume de l'édition des *Œuvres complètes de Frédéric Bastiat*. Guillaumin, 1851 ; dernière réimpression, 1893.

un peu moqueuse; sa logique enveloppante est si serrée qu'elle déconcerte, et cependant elle est si aisée qu'elle ne nous paraît plus que du gros bon sens. C'est qu'il a le don de se jouer des plus graves questions et d'escamoter en quelque sorte les difficultés.

Son style net et précis, plein d'images vives et saisissantes, est d'une clarté et d'une limpidité telles, que pour s'apercevoir de toutes ces qualités, il faut penser à le critiquer et se distraire de l'entrainement de l'idée qui s'y déroule si facilement. Peut-être même est-il trop clair et trop précis pour paraître à quelques-uns vraiment scientifique[1].

Orateur, écrivain toujours pétillant d'esprit ou plutôt d'une verve gasconne qui n'exclut pas la finesse; conférencier élégant et enjoué, il contait volontiers Peau d'âne à son auditoire charmé et tout surpris de voir à la conclusion un des problèmes les plus ardus de la science économique résolu si simplement.

Un des disciples de Bastiat l'a comparé à La Fontaine[2]; cela nous rappelle qu'il n'y eut guère de comparable à la distraction de l'un que celle de l'autre; mais nous acceptons volontiers le rapprochement entre les auteurs comme entre les hommes. Ne croirait-on pas écrite par le fabuliste, cette histoire de Puera et Stulta, ces deux villes, qui pour communiquer tracent

[1] V. Lassalle, *Capital et travail*, p. 63 — « En votre qualité d'allemand (adressé à Schulze, vous devez savoir qu'il est d'usage chez nous non pas de traiter un sujet avec esprit et légèreté... »

[2] V. R. de Fontenay, *Biographie de Bastiat*.

à grands frais une route et s'imposent ensuite de lourdes charges pour y empêcher la circulation, et ces pamphlets, ces sophismes économiques où se révèle un art merveilleux dans la conduite logique d'une proposition absurde. Cairnes y trouve une raillerie délicate et polie, une sorte de naïveté spirituelle qui les lui font comparer aux lettres Provinciales[1].

Toutes ces qualités plaçaient évidemment Bastiat à la tête de son parti charmé d'avoir trouvé en lui un zélateur si remarquable. Et cependant, l'enthousiasme des siens devait se changer en un étonnement mêlé de crainte, lorsqu'ils le virent pousser si avant ses attaques qu'ils n'osèrent plus le suivre ni même le soutenir ; ils ne le comprenaient plus.

C'est qu'ils ne connaissaient pas le secret de sa force et de son assurance ; ils ne voyaient pas la clarté qui rayonnait sur sa route ; ils ne se rendaient pas compte que ses tendances étaient le développement logique d'un principe supérieur, d'un système scientifique. Et de même que le XVIIe siècle en général n'avait guère apprécié en Molière qu'un acteur incomparable, les contemporains de Bastiat ne virent en lui qu'un polémiste très brillant.

Pascal, La Fontaine, Molière, c'est peut-être prendre bien haut les termes de comparaison ; cependant ils se présentent tout naturellement à l'esprit ; c'est que les premiers incarnent le génie français dans la littérature et Bastiat, c'est l'esprit français en économie politique.

[1] Cairnes, *Essay in political economy*, p. 314.

Il se peut même que ses qualités éminemment fran-
çaises de netteté et de précision aient nui à sa réputa-
tion en ne révélant sa profondeur de vue qu'au lecteur
consciencieux et réfléchi.

C'est dans son ouvrage intitulé : *les Harmonies économiques,* qui est en quelque sorte son testament scientifique, qu'il nous a révélé son système et qu'il nous a
confié ses armes. C'est malheureusement une œuvre
inachevée dont la forme générale est restée fragmen-
taire et se ressent de la hâte fiévreuse avec laquelle elle
a été écrite au milieu des préoccupations de la polémique et des tourments de la maladie. Il aurait voulu
à l'œuvre d'un Cobden ajouter celle d'un Ad. Smith; la
mort qu'il sentait venir et avec laquelle il luttait de
vitesse ne lui a pas laissé le temps de la parachever.

Un peu attristé par l'abandon de ses amis, il laissait
ce testament à la jeunesse française dont le portrait si
flatteur ouvre son livre. Ce portrait pourrait être le sien
et cela peut expliquer son amitié pour la jeunesse et la
respectueuse admiration qu'elle lui donne en retour.
Tout est bien aussi chez lui « besoin de croyances,
désintéressement, amour, dévoûment, bonne foi, enthousiasme de tout ce qui est bon, beau, simple, grand,
honnête, religieux », et l'on se sent entraîné vers lui
par toute l'attirance de la sympathie et de la confiance.

∴

Tel était l'homme et l'auteur; on s'explique que ce
fût là l'adversaire né du pessimisme économique pour

peu que l'on verse dans cette tendance actuelle qui consiste à expliquer les idées par les sentiments et à considérer les opinions comme affaire de tempérament [1].

Aussi le caractère essentiel de l'œuvre théorique de Bastiat est-il la lutte contre les antagonismes sociaux. Le titre même de l'ouvrage contient tout : *Harmonies économiques*.

Les théoriciens de l'école classique avaient fait un système de l'antagonisme et le montraient comme le résultat fatal du libre jeu des lois naturelles. Le but de Bastiat est de défendre la liberté ; mais il fuit toute alliance compromettante avec les économistes classiques qui concluent comme lui à la liberté ; il ne veut pas exposer la science et la vérité en se rendant solidaire de ces théoriciens par une bienveillance toute naturelle. C'est là ce qui fait son originalité.

Il conçoit que pour conclure à la liberté, il faut partir de cette prémisse : « Les intérêts abandonnés à eux-mêmes tendent à des combinaisons harmoniques, à la prépondérance progressive du bien général [2]. »

Le besoin d'établir cette prémisse s'était fait d'autant plus sentir que les principaux économistes classiques avaient présenté des théories qui engendraient le plus noir pessimisme, conduisant logiquement de conséquence en conséquence jusqu'au mal absolu.

[1] Torau-Bayle, *L'individualisme*, REVUE POLITIQUE ET PARLE-MENTAIRE, tome 18, p. 112.
[2] V. *Harmonies économiques*, p. 7.

Les économistes anglais, en général [1], voyaient dans le travail le fondement de la valeur, et bien qu'on puisse tirer les conséquences les plus optimistes de cette opinion malheureusement inexacte; ils n'en arrivaient pas moins à montrer que certains hommes, obéissant en cela à la loi naturelle de l'intérêt personnel, étaient parvenus à faire tourner à leur profit exclusif un travail accompli par la nature, ce qui évidemment constitue une injustice.

J.-B. Say et les économistes français, au contraire, pensaient que le fondement de la valeur se trouvait plutôt dans l'utilité [2]; et cette opinion peu rassurante au point de vue de la justice distributive menait encore à constater que les propriétaires des agents producteurs de cette utilité monopolisaient un avantage donné par Dieu à l'humanité.

Il en résultait toujours une *injustice* manifeste, et le caractère de nécessité que quelques-uns prêtaient à ce monopole, en montrant que la production ne peut exister sans la propriété, ne pouvait qu'exciter notre irritation contre le plan providentiel. C'est, en effet, montrer qu'il y a un antagonisme social dans la nécessité de cette institution.

Ces théories de la valeur semblaient donc être l'arrêt de proscription de la propriété qui permet ainsi d'accaparer les dons de Dieu sous forme de rente.

[1] Ad. Smith, *Richesse des nations*, édit. Guillaumin, trad. G. Garnier, L. I, chap. 16, p. 65. — Ricardo, *Des principes de l'économie politique et de l'impôt*, chap. I, p. 6 et suiv.

[2] V. J.-B. Say, *Cours*, chap. III, édit. 1852, tome I, p. 78-80, tome II, p. 21.

Ce qui aggravait encore les choses, c'est la façon dont la théorie de Ricardo expliquait comment cette rente naît et s'accroît[1].

Une certaine quantité de substances étant nécessaire pour nourrir une population, dit-il, leur prix se fixera d'après le travail dépensé à les produire dans les terrains les moins fertiles de tous ceux mis en culture.

Mais l'accroissement de population obligera de recourir à des terrains de moins en moins fertiles et alors les propriétaires des meilleures terres ne payant à leurs ouvriers que le moindre travail nécessaire chez eux, recevront une rente de plus en plus élevée, à mesure qu'on attaquera des terrains plus ingrats.

Ainsi non seulement les propriétaires sont en mesure d'accaparer les dons de Dieu, mais encore il en résulte que leur opulence doit grandir de plus en plus comme le dénûment des travailleurs. C'est le germe d'une *inégalité* fatale tombé dans la société, un nouvel antagonisme social irrémédiable qui multiplie le premier. La source de la fortune de quelques-uns est dans l'appauvrissement général.

Bien plus, comme ce germe doit se développer progressivement avec l'accroissement de la population, nous apercevons avec épouvante toute la force de propagation du mal, lorsque Malthus établit cette loi physiologique d'après laquelle la population a une tendance à croître selon une progression géométrique

[1] Ricardo, *op. cit.*, chap. II, p. 38 et suiv., édit. Guillaumin, 1847.

dans des périodes qui virtuellement peuvent être moindres de vingt-cinq ans [1].

Enfin, comme s'il n'était pas assez d'un aperçu aussi pessimiste, il constate d'autre part que les subsistances ne croissent que selon une progression arithmétique [2]. Que doit-il advenir de cette disproportion fatale qui s'établira entre la population et les vivres ! Il serait de toute nécessité d'opposer une digue à ce flot menaçant de la population. Or le seul obstacle qu'on puisse proposer, c'est la contrainte morale ; mais qui ose y faire fond ? D'autant que nos institutions de charité et d'assistance ont pour résultat de l'affaiblir. Aussi l'humanité est-elle nécessairement acculée au paupérisme, au vice, à la peste, à la famine et à la guerre, qui seuls constitueront l'obstacle qui maintiendra l'équilibre. Nos efforts ne pourront que hâter le cataclysme, car tout est antagonisme, les institutions de l'hérédité en stérilisant le territoire [3], comme l'assistance favorisant la population. C'est l'enlizement sans secours possible, le désespoir systématique.

Du reste, cette thèse de l'inutilité de nos efforts et même de leur nocuité était acceptée généralement par ces auteurs [4] ; c'est ce qui explique qu'avec de pareilles théories ils demeuraient cependant partisans de la liberté.

---

[1] V. Malthus, *Essai sur le principe de la population*, 2° édition française. Paris-Genève, 1823. Liv. I, chap. I, p. 8.

[2] *Op. cit.*, liv. I, chap. I, p. 13 : *Dans les circonstances les plus favorables* à l'industrie.

[3] De Tocqueville.

[4] V. Malthus, *Essai...* Préface de l'édition de 1803 ; et p. 269, 337, 351, 365, 516, etc.

Tel était l'aspect de l'Economie politique, science de malheur, ne révélant partout que l'*injustice nécessaire*, l'*inégalité progressive*, le *paupérisme* inévitable; d'autant plus sombre que ces systèmes concordaient parfaitement et semblaient faire partie d'une même théorie générale.

La vérité est toujours la même quand on la découvre, quel que soit le chemin qu'on ait pris pour y parvenir. Cette présomption ajoutée à la rigueur scientifique de ces systèmes et à l'autorité de leurs auteurs que Bastiat reconnait comme ses maîtres ne l'intimide cependant pas.

Injustice, Inégalité, Misère, découlant du libre jeu des grandes lois providentielles, tout cela se résume en un mot : *antagonisme*. Bastiat, fidèle à sa tactique habituelle, prend résolument le contrepied et se fait fort de prouver qu'il n'est pas vrai que les lois providentielles précipitent la société vers le mal, que les intérêts légitimes sont, au contraire, harmoniques. A l'antagonisme, il oppose l'harmonie.

Remarquons que si vraiment il y a harmonie, toute erreur d'observation devra logiquement mener à l'antagonisme ; dès lors, la concordance troublante des systèmes pessimistes, s'expliquera facilement par les erreurs quelconques qu'ils contiennent, et il n'en résultera aucune présomption en faveur de leur exactitude.

Cette réaction fondamentale contre le pessimisme, c'est le fond de l'œuvre théorique de Bastiat. Il veut prouver l'harmonie des intérêts pour asseoir la liberté sur une base solide et conjurer du même coup le dan-

ger menaçant qui, outre le découragement, résultait
de ces théories pessimistes. C'est que partant de cette
prémisse : « Les intérêts sont antagonistes », on ne
peut rester partisan de la liberté, comme les révéla-
teurs de ces systèmes, que par un défaut de logique ou
un pessimisme farouche. Mais la logique reprend vite
ses droits et l'on ne sait que répondre aux socialistes
qui réclament pour l'ouvrier le droit au travail comme
compensation à l'injustice nécessaire de la propriété ;
ou à ceux qui la considérant comme un vol, proposent
de la supprimer quand même.

Les lois providentielles poussent la société vers le
mal, il faut les entraver ; la liberté est fatale, il faut lui
substituer la contrainte. Voilà le danger pratique.

Cette prémisse est une arme terrible contre les doctrines libérales fournie par les libéraux eux-mêmes, et
Bastiat veut la briser dans les mains des socialistes qui
s'en servent.

Si, au contraire, nous adoptons cette donnée : les
intérêts sont harmoniques, ce sera la liberté logiquement établie, la contrainte sans objet, les socialistes
désarmés. Aussi cette prémisse est l'idée dominante
des *Harmonies économiques,* et nous devons recon-
naitre avec Bastiat qu'elle est simple, conciliante, con-
solante, religieuse et pratique.

L'essentiel maintenant est de prouver qu'elle est
vraie.

Nous allons examiner les attaques dirigées par Bas-

tiat, dans sa lutte contre les doctrines de l'antagonisme, sur les trois points principaux de leurs manifes-
tations : *l'injustice, l'inégalité*, la *misère.*

Nous suivrons, dans un premier chapitre, les efforts
pénibles faits par lui pour repousser l'accusation d'*injustice* et pour fonder la liberté sur une base scientifique inébranlable. Nous verrons les résultats, appré-
ciables, auxquels il aboutit malgré l'échec de sa tentative et le profit qu'on en peut tirer.

Puis, dans un deuxième chapitre, nous étudierons les
attaques de Bastiat contre les théories qui font de l'*inégalité* un principe social et les atteintes qu'il leur porte.
Nous y verrons aussi ses espérances, sa foi dans une
égalisation, qui doit se réaliser par une élévation continuelle du niveau de l'humanité.

Enfin un troisième chapitre, consacré à recueillir les
arguments que Bastiat oppose aux théoriciens qui
nous menacent d'une misère progressive, nous mon-
trera comment il a compris le problème de la population.

Nous terminerons par une conclusion où seront
exposés les résultats pratiques de l'œuvre de Bastiat et
l'enseignement que l'on peut tirer de sa tentative de
réhabilitation de la liberté en ce qui concerne la
question de savoir sur quoi on doit désormais fixer les
bases d'un système social.

CHAPITRE PREMIER

INJUSTICE.

Dans la lutte contre les théories qui aboutissent à l'injustice fatale et nécessaire, Bastiat fait preuve d'une grande profondeur de vue et d'un esprit vraiment philosophique. Il se place sur le terrain de la valeur, considérant que c'est la loi de la valeur qui domine tous les problèmes économiques et commande leurs solutions. C'est lui-même qui dit : « La théorie de la valeur est à l'Economie politique ce que la numération est à l'Arithmétique »[1], et plus encore : « L'Economie politique c'est la théorie de la valeur »[2].

A propos de la question qui nous occupe particulièrement, la loi des valeurs a une telle importance, que c'est d'elle seule que dépend la solution; c'est de la notion que l'on aura de la valeur, que découlera la preuve que l'injustice est au bout d'un régime de liberté et de propriété individuelle[3], ou bien qu'il tend de plus en plus vers la réalisation de l'idéal de justice.

[1] V. *Harmonies économiques*, chap. de la valeur, p. 140.
[2] V. *Harmonies économiques*, chap. des besoins, efforts, satisfactions, p. 59.
[3] V. Beauregard, *Eléments d'économie politique*, chap. de la légitimité de la propriété individuelle, et chap. de la vente. — V. aussi : *La théorie de la rente foncière*, Société d'Etudes économiques, VI, p. 4.

C'est pourquoi Bastiat fait tous ses efforts pour arracher son secret à cette loi dans l'espoir qu'il lui permettra de prouver que le régime de liberté a une tendance à se rapprocher progressivement de l'idéal de justice ; c'est pour cela aussi que les socialistes disséquent minutieusement le phénomène de la valeur, afin de nous persuader que l'état social basé sur la liberté et la propriété, nous accule fatalement à l'injustice et de nous faire accepter la révolution.

Par là, tous font vraiment œuvre scientifique [1].

Mais il fallait toute la conviction et la foi ardente de Bastiat pour faire face sur ce terrain aux adversaires qu'il devait y rencontrer. Sa position était d'autant plus délicate qu'il se trouvait isolé, comptant comme antagonistes les plus dangereux les maîtres de son école qui, du reste, avaient fourni aux socialistes leur arme la plus redoutable. Ces économistes, sans esprit de polémique et seulement dans un but scientifique, avaient analysé le phénomène de la valeur et étaient arrivés à des notions qui, quoique diverses, concordaient fâcheusement dans leurs conséquences pessimistes.

Ces notions sous différents aspects se ramenaient toutes à deux essentielles, car il n'y a en réalité que deux notions possibles.

Les unes avec Smith, Ricardo et l'école anglaise en général, montraient le fondement de la valeur dans le travail ; les autres, avec J.-B. Say et les Economistes français, le voyaient dans l'utilité.

[1] Gide, *La notion de la valeur dans Bastiat*..... — Andler, *Les origines du socialisme d'Etat en Allemagne*, p. 6.

I

Naturellement Bastiat, étant donné le but qu'il poursuivait, ne pouvait hésiter un instant et s'arrêter si peu que ce fût à l'idée de valeur utilité. On voit que nous souscrivons ici aux critiques sur la méthode de Bastiat qui ont été présentées par tous ceux qui se sont occupés de lui depuis Lassalle et Cairnes jusqu'à notre savant maître M. Ch. Gide [1] et qui dévoilent le vice de finalité, la préoccupation d'en arriver à une conclusion préétablie; cependant nous aurons l'occasion de protester contre le caractère trop absolu en général de ces critiques.

Faut-il mentionner d'abord le reproche qu'on lui adresse de penser que « tout est pour le mieux dans le meilleur des mondes? »... Sans doute puisqu'on l'entend et qu'on le lit parfois!

Cependant il vaut mieux indiquer, dans les *Harmonies* seulement, les dix-huit passages [2] où ces critiques trouveront la réponse en autant de formes différentes, toutes si bonnes qu'on ne saurait mieux faire. Il convient aussi de recommander tout un chapitre [3] où l'auteur reconnaît si bien le mal, qu'il en étudie le rôle et les effets dans le monde économique.

---

[1] Lassalle, *Capital et travail;* A. Clément; Ferrara; Gide, *op. cit.;* Bondurand, *Bastiat;* Cairnes, *Essays in political economy,* chap. Bastiat.

[2] V. *Harmonies économiques,* 10ᵉ édit., 1893, pages 12, 13, 53, 141, 260, 372, 387, 397, 458, 502, 566, 568, 583, 591, 598, 607, 632, 619.

[3] V. *Harmonies économiques,* chap. Le mal, p. 612.

En dehors de « celle classe de lecteurs » que Bastiat redoutait tant, « celle qui ne lit pas »[1], nous voyons qu'on formule cependant encore contre lui le reproche d'optimisme. Ce ne peut être alors, que parce qu'il considère que le mal est le suprême éducateur de l'homme, son guide le plus infaillible quoique le plus brutal, et qu'il tend de plus en plus à se détruire lui-même par sa propre action.

Mais à ce compte on peut accepter le qualificatif, car il ne s'agit plus d'un optimisme impulsif et sentimental, mais d'une opinion basée sur des observations scientifiques. Bastiat est optimiste comme Leibniz et Malebranche. Son optimisme est un système scientifique, et s'il n'y avait que cela dans la critique, nous l'accepterions.

Mais c'est une façon de reprocher à Bastiat de croire à l'Harmonie sociale avant la preuve; d'avoir la foi, et de partir d'une idée préconçue vers un but donné, bien déterminé à l'avance à le prouver dans les faits qu'il va analyser. C'est là un procédé bien peu scientifique, semble-t-il. Cependant c'est souvent ainsi qu'on procède en réalité; Newton avait bien conçu en un instant l'Harmonie céleste avant de la démontrer mathématiquement. Ce qui importe donc surtout, c'est de voir si l'idée préconçue a été prouvée, ou non, scientifiquement.

Quoi qu'il en soit, il y a du vrai dans cette critique, et nous admettons que Bastiat ait été instinctivement

[1] V. *Harmonies économiques*, chap. propriété, communauté, p. 292.

poussé à rejeter l'idée de la valeur utilité. Mais nous pensons qu'il ne faut pas prendre cette critique à la lettre, car on s'attendrait à trouver dans les *Harmonies* des erreurs qui ont cependant été évitées. C'est bien, au fond, l'avis des critiques eux-mêmes; nous n'en voulons pas d'autre preuve que le soin que tous ont mis à discuter les théories de Bastiat.

De plus, nous remarquerons que quiconque recherche la justice ou l'injustice dans les phénomènes économiques est de ce fait même nécessairement entraîné à envisager la valeur comme fondée sur le travail et non sur l'utilité, soit qu'il veuille justifier la liberté comme Bastiat ou la repousser comme K. Marx.

Cependant, si le souci d'arriver au but marqué, à une conclusion arrêtée a été la cause déterminante pour Bastiat de rejeter le fondement *utilité* pour la valeur, du moins présente-t-il aussi des arguments scientifiques, sans quoi il n'eût même pas mérité la discussion ni la critique.

Ces arguments, il les expose tout au long dans le chapitre de la valeur et les reprend même plusieurs fois dans le désordre d'une œuvre inachevée. Si l'utilité, dit-il, était le fondement de la valeur, partout où il y a de l'utilité on devrait trouver de la valeur, et cela est manifestement contraire aux faits. Il nous le montre en effet par l'exemple de l'air qui est d'une très grande utilité et n'a point de valeur [1]. Plus encore, non seulement l'utilité et la valeur ne vont pas toujours

---

[1] V. *Harmonies économiques*, chap. de la valeur, p. 149.

ensemble, mais elles n'ont même pas de réciprocité entre elles ; ainsi, par exemple, le pain est extrêmement utile et a peu de valeur, le diamant est d'une utilité fort contestable, et il en a une grande. On reconnaît là les objections apportées contre cette théorie par l'école anglaise.

Mais Bastiat va plus au fond des choses ; il recherche ce qu'on entend par *utilité ;* il fait remarquer que pour J.-B. Say et les économistes français en général, l'utilité c'est l'ensemble des qualités des choses, qui les rendent propres à notre usage [1]. Le blé, l'eau sont utiles parce qu'ils sont propres à satisfaire notre besoin de manger et de boire. *L'utilité* est donc inhérente à la matière et, dès lors, il en est de même de la valeur, elle devient un des éléments de la matière, elle est *matérielle* [2]. C'est à la réfutation de cette erreur que Bastiat s'attache et porte le plus de soins. *L'utilité,* d'après lui, est la propriété qu'ont certains actes ou certaines choses de nous servir [3]. C'est une conception beaucoup plus large qui repousse la *matérialité.* Il objecte qu'en effet il y a de *l'utilité* en dehors de la *matière* comme en dehors de la *valeur* [4], et qu'il y a de la matière [5] sans valeur, quoique très utile ; *matière, utilité, valeur,* sont des choses bien différentes [6]. Les

[1] V. *Harmonies économiques,* chap. de la valeur, p. 182 ; J.-B. Say, *op. cit.,* tome I, p. 78.
[2] V. *Harmonies économiques,* chap. de la valeur, p. 149-180.
[3] V. *Harmonies économiques,* chap. de la valeur, p. 143.
[4] V. *Harmonies économiques,* chap. de la valeur, p. 170.
[5] V. *Harmonies économiques,* chap. de la valeur, p. 115-187-186.
[6] V. *Harmonies économiques,* chap. de la valeur, p. 187.

conseils d'un avocat, les consultations d'un médecin, quoique immatériels, sont utiles, et nous savons que l'air et l'eau sont des matières très utiles et sans valeur.

Donc, indépendamment de toute matérialité, il y a de l'*utilité gratuite*, c'est-à-dire sans valeur, et de l'*utilité onéreuse*, qui en a une. Quand nous sommes en présence d'une utilité, d'un moyen de satisfaction, nous remarquons que, le plus souvent, la nature en a créé une partie, et que le travail humain l'a accrue d'autre part ; mais c'est gratuitement que la nature nous livre l'utilité qu'elle crée, le complément humain seul est onéreux.

Bastiat va s'efforcer de prouver que la propriété individuelle n'enlève à personne le bénéfice de la gratuité. Ce n'est pas encore le lieu de rechercher s'il y a réussi, mais nous devons constater qu'effectivement il a exposé de sérieuses raisons scientifiques de rejeter l'utilité comme fondement de la valeur.

Il va même jusqu'à affirmer que *valeur* et *utilité* sont deux idées opposées [1]. L'*utilité* n'a de rapport qu'avec nos besoins et leur satisfaction, la *valeur* n'en a qu'avec l'effort. L'*utilité* est le bien, la *valeur* le mal.

Et par là il semble se rallier à la théorie des économistes anglais qui voient le fondement de la valeur dans le travail.

**

Bastiat accepte-t-il l'explication de la valeur donnée par les économistes anglais ?

[1] V. *Harmonies économiques,* chap. de la valeur, p. 187.

Il nous paraît qu'il devait être d'autant plus enclin à le faire que c'était là le moyen d'arriver à son but. C'est qu'en effet si le travail est le fondement de la valeur, il n'est plus impossible[1] de légitimer la propriété. Le travail est un effort, une peine ; c'est un acte méritoire, et rien n'est plus juste dès lors que la propriété qui assure la jouissance exclusive d'un moyen de satisfaction au travailleur qui l'a produit. Ainsi, il serait possible de fonder la propriété sur la justice, d'établir le régime de liberté sur une assise inébranlable en le fondant sur la morale.

Cependant, Bastiat dit que la valeur n'a de rapport qu'avec l'*effort*, et dans ce mot il a mis toute la critique de la théorie anglaise. Il devait en effet repousser l'explication de la valeur telle que Smith la donnait par les mobiles et les motifs qui lui avaient fait rejeter la théorie précédente. C'est que le mot *travail* de Smith est à la fois un terme trop large et trop étroit. Trop large, car pour lui il signifie aussi bien l'action de la nature que celle de l'homme[2] et par cette extension il y fait entrer une véritable contradiction[3]. Trop étroit, car, d'autre part, il ne semble signifier pour lui que « travail matériel »[4]. Et, en effet, « Smith et ses dis-

---

[1] V. Gide, note 1, à la page 252 de la Revue d'Economie politique, 1887, tome I ; *Notion de la valeur.....*

[2] V. *Harmonies économiques*, chap. de la propriété foncière, p. 301.

[3] V. *Harmonies économiques*, chap. de la valeur, p. 177, et chap. de la propriété foncière, p. 301 ; Ad. Smith, *op. cit.*, livre I, chap. VIII, p. 84.

[4] Ad. Smith, *op. cit.*, livre II, chap. III, p. 410 et suiv.

ciples » ont assigné le principe de la valeur au travail, mais sous la condition de la matérialité, et même de la durée, ce qui implique la matérialité ; ce qui le prouve bien, c'est qu'ils appelaient classes improductives celles qui ne travaillaient pas la matière.

Quant à Ricardo, il énonçait la même théorie. Il le croyait du moins ; nous faisons cette restriction, car, à cette loi des valeurs, il apportait une exception pour les choses rares [1]. Or, il admettait ainsi deux fondements à la valeur : le travail et la rareté, ou bien il détruisait la loi en y introduisant l'exception.

Voilà donc, comme dans la théorie précédente, cette erreur de matérialité qui reparaît, que Bastiat s'est efforcé de réfuter avec tant de soin [2]. Cependant, la théorie de la valeur-travail, même débarrassée de cet élément matériel, en prenant le mot travail pour indiquer l'effort humain quel qu'il soit, semblait présenter encore à Bastiat tous les avantages nécessaires pour repousser loin du régime de liberté l'imputation d'injustice.

Mais il était trop clairvoyant pour ne pas se rendre compte qu'on ne pouvait logiquement fonder la valeur même sur le travail ainsi compris.

— Cette explication ne répond pas en effet à la réalité des choses ; « dire que la valeur est dans le travail, c'est induire l'esprit à penser qu'ils se servent de mesure réciproque, qu'ils sont proportionnels entre eux.

[1] V. Ricardo, *Principes de l'Economie politique*, chap. I, p. 7.
[2] V. Publications de la Société d'Etudes économiques; V et VI, *La théorie de la Rente foncière*.

En cela elle est contraire aux faits et une définition contraire aux faits est une définition défectueuse [1] ».

Et c'est un fait que deux quantités égales de travail équivalent, peuvent obtenir des rémunérations très inégales.

— De plus, l'explication de la valeur par le travail ne saurait rendre compte des variations dans la valeur d'un objet, alors que la quantité de travail incorporé en lui est définitivement fixée [2]; il faudrait l'immobilisation de la valeur une fois produite.

— Puis, si la valeur se mesurait à notre effort, ne faudrait-il pas conclure que nous sommes d'autant plus riches, que la nature s'est montrée plus avare? Puisque le travail est d'autant plus nécessaire que la nature a été moins libérale de ses dons [3], on en arriverait, comme Saint-Chamans [4] le fait presque, à vanter l'incendie, le cataclysme qui nous obligeraient à plus d'efforts.

— Enfin, on peut ajouter que Bastiat était d'autant moins disposé à recevoir cette explication de la valeur qu'elle est la base prise par Ricardo, pour la démonstration de la rente, ce ferment d'inégalité progressive.

Ainsi, comme la première explication, il rejette la deuxième.

---

[1] V. *Harmonies économiques*, chap. de la valeur, p. 178; chap. du producteur consommateur, p. 407; chap. des salaires, p. 481, et chap. de la population, p. 526.

[2] V. *Harmonies économiques*, chap. de la propriété foncière, p. 313.

[3] Chap. de la richesse. V. *Harmonies économiques*.

[4] V. *Harmonies économiques*, chap. de la richesse, p. 215; St-Chamans, Théorie de la destruction systématique.

.

Bastiat remarque que les théories courantes ont autre chose de commun que leurs conclusions pessimistes, c'est la croyance à la matérialité de la valeur; dans les deux écoles, dit-il[1], on finit par s'accorder dans·cette erreur : il faut avouer que Dieu met de la valeur dans ses œuvres et qu'elle est matérielle. C'est là précisément la prémisse qui mène à ces conclusions qu'il combat. En effet, si l'on considère que la valeur git dans l'utilité, c'est-à-dire dans les qualités de la matière, on doit conclure que c'est la nature qui a créé la valeur comme elle a créé cette utilité. De même que si l'on voit la valeur dans le travail de la nature[2] ou le travail appliqué à la matière, on en vient à penser que c'est Dieu encore qui a fait la valeur ou qu'elle est au moins une partie de cette matière de création naturelle.

Ainsi dans tous les cas on s'accorde à dire : les agents naturels créent de la valeur[3]. Or, « le mot valeur implique que ce qui en est pourvu, nous ne le cédons que contre rémunération ». Qu'en résulte-t-il ? C'est que la propriété foncière et capitaliste[4] est une injustice. Celui qui a pu s'approprier les objets utiles ou les agents

[1] V. *Harmonies économiques*, chap. de la valeur, p. 159.
[2] Smith.
[3] V. *Harmonies économiques*, chap. de la valeur.
[4] Boutron a le premier dit expressément que la rente existe dans l'industrie et partout comme dans la propriété foncière. Mais nous voyons que Bastiat et Say lui-même l'admettent comme établi. — Boutron, *Question de la rente*, préface et chap. I.

naturels qui les produisent se fait payer sous forme de rente, l'utilité que la nature a créée. Il ne peut cependant invoquer légitimement aucun titre pour recevoir cette rente ; il accapare les dons de Dieu ; la propriété qui permet cela est injustifiable.

Ce n'est pas Bastiat qui le premier fait cette remarque, J.-B. Say lui-même semble déplorer qu'on ait pu s'approprier la terre[1] et avoue que la propriété est un monopole, un privilège usurpé[2], que par une inconséquence il s'efforce, vainement du reste, à justifier.

C'est aussi l'avis de J. Garnier, qui reconnaît[3] que la propriété est une création légale qui permet au propriétaire de recevoir une rente gratuitement ; c'est un privilège, un monopole[4], une usurpation, en un mot une injustice.

Mais ces mêmes économistes font remarquer, pour excuser la propriété, qu'elle est indispensable, qu'elle est nécessitée par notre organisation physique et morale. C'est bien pire, car alors, c'est un antagonisme social !

Voilà le pessimisme plus redoutable que le socialisme, car il est la cause de sa naissance et l'aliment qui le fait vivre.

Tout cela résulte de la matérialisation de la valeur ; et nous devons observer ici, qu'effectivement, toutes

[1] J.-B. Say, *op. cit.*, 2ᵐᵉ partie, chap. II, p. 221 et suiv.

[2] V. *Harmonies économiques*, chap. de la propriété foncière, p. 305-307.

[3] V. *Harmonies économiques*, chap. de la propriété foncière, p. 305-307.

[4] Henry George.

les critiques qui s'adressent, même de nos jours, au système de liberté et de propriété, au point de vue de la justice distributive, n'ont trait qu'à la rente qui provient de la possession des choses matérielles, terres, mines, céréales, etc., et non pas à la rente que procure l'exercice des professions libérales, par exemple [1].

Et cependant il semble que dans tous les cas l'injustice serait la même, si injustice il y a.

C'est donc là qu'était le danger et nous avons vu Bastiat insister longuement sur la réfutation de cette erreur [2].

II

Cette erreur commune et les erreurs particulières à chaque explication de la valeur obligent Bastiat à les écarter toutes deux. A vrai dire, il était cependant d'avis qu'il y a moins des erreurs dans tout cela, qu'une étroitesse de vue de la part des économistes; ils n'ont pas vu mal, dit-il, mais ils n'ont pas vu tout. L'utilité ou le travail ne peuvent pas être le fondement exclusif de la valeur, mais ce sont des phénomènes qui la modifient. Aussi, en écartant sans les rejeter les deux théories, Bastiat s'efforce de les concilier [3] : la valeur

---

[1] *La théorie de la rente foncière*, Société d'études économiques, VI, p. 2; Boutron, *La rente foncière*; Gide, *La notion de la valeur dans Bastiat...*, Revue d'économie politique, 1887.

[2] V. *Harmonies économiques*, chap. de la valeur, p. 169, et chap. de la matérialité, p. 182.

[3] Andler, *Origines du socialisme d'État en Allemagne*, p. 221.

n'est ni dans l'utilité ni dans le travail, mais bien dans le travail indispensable pour obtenir l'utilité. Pour se conformer plus exactement à la pensée de Bastiat, il faut dire plutôt qu'elle est dans l'*effort* nécessaire pour obtenir un moyen de satisfaction, afin d'écarter ainsi l'idée de matérialité nécessaire. La *valeur* c'est l'*utilité onéreuse*.

Alors, ce qui s'échange, ce qui a de la valeur c'est seulement l'*effort* humain contenu dans l'acte ou la matière utile. En effet, l'effort seul est comparable d'un individu à l'autre, tandis que l'utilité, c'est-à-dire le besoin qui le provoque et la satisfaction qu'il a pour but, sont incommensurables; c'est donc l'*effort* seul qui peut être la base de la valeur[1].

Quant au concours de la nature, il est gratuit et Bastiat s'efforce de nous le prouver par l'histoire, qu'il faudrait rapporter tout entière, du frère Jonathan créant une propriété dans le Far-West, en des pages qui sont un chef-d'œuvre de logique et un des plus beaux morceaux littéraires des *Harmonies*[2].

Mais alors, voilà dans le domaine de la répartition la propriété lavée de cette accusation d'injustice. Le régime de liberté ne permet pas l'accaparement des dons de la nature. Il n'y a pas de *rente*; ce que l'on a appelé ainsi n'est autre chose que le *salaire* du travail, et l'*intérêt* des capitaux, ce qui revient au même.

[1] V. *Harmonies économiques*, chap. de la valeur et de l'échange. Dans notre société tout est produit [pour être échangé et la question de justice ne se pose que dans la propriété en ce qu'elle a rapport à l'échange.

[2] V. *Harmonies économiques*, chap. de la propriété foncière.

Ce qui s'échange, c'est le *travail humain,* et voilà qu'il n'est plus impossible de conclure à la justice distributive.

Plus impossible, disons-nous, car il y a encore une condition nécessaire pour y arriver; c'est que ce travail humain s'échange proportionnellement à sa qualité et à son intensité.

Mais, c'est précisément ce qui n'est pas, Bastiat lui-même nous l'a montré[1]. On a cru un moment, qu'il allait retomber dans la théorie de la valeur travail-effort, telle qu'il l'a repoussée; mais non ! Il ne touche pas encore au but.

Il continue donc sa minutieuse analyse, montrant par là, que quelque but qu'il ait décidé d'atteindre, il y veut parvenir par des moyens vraiment scientifiques, au risque de le manquer.

Il remarque alors que la valeur d'un objet est déterminée autant par la quantité de travail effectif exécuté sur cet objet, que par l'évaluation faite par l'acheteur de la peine qu'il aurait à se le procurer par son travail, peine que le cédant lui épargne.

Quand on achète un produit, en effet, on peut bien se demander : « Combien de temps a-t-on mis à le faire?[2] » et c'est là un des éléments d'appréciation de la valeur; mais on se demande surtout « combien de temps mettrai-je à le faire? combien de temps ai-je

---

[1] V. *Harmonies économiques,* chap. de la valeur, p. 178; chap. du producteur consommateur, p. 407; chap. des salaires, p. 434; chap. de la population, p. 526.

[2] V. *Harmonies économiques,* chap. des salaires, p. 185.

mis à produire la chose qu'on me demande en
échange ? » Ainsi l'élément principal d'un produit est
donc l'évaluation de la peine que l'on aurait à se le
procurer par son propre travail. Or ce travail le ven-
deur l'épargne à l'acheteur auquel il cède le produit et
c'est ce *travail épargné* qui en définitive constitue principalement la base de l'évaluation du produit.

Cette remarque que la valeur s'estime autant par le
travail épargné au cessionnaire que par celui exécuté
par le cédant est un éclair qui illumine la pensée de
Bastiat [1], elle va lui fournir le nœud de sa théorie. Epar-
gner du travail à quelqu'un c'est lui rendre un service ;
le *travail épargné* c'est un *service rendu;* SERVICE, voilà
le mot précieux qui va lui donner l'explication de la
valeur : « *La valeur c'est le rapport de deux services
échangés.* » Et par cette définition, par ce mot *service,*
Bastiat pense tenir compte de toutes les circonstances
si diverses, si nombreuses soient-elles, qui influent sur
la valeur, sans être la valeur même.

Il est vrai que tout est dans tout et qu'il n'y a rien
qu'on ne puisse faire entrer dans un mot à force d'en
étendre le sens. C'est Bastiat même qui dit cela [2]. Sa
formule comprend tout, et cependant il aurait été
mieux inspiré de penser, pour la valeur comme pour
la population [3], que « l'exactitude même prolixe est pré-
férable à une trompeuse concision ;..... si, ajoute-t-il,
en raison du nombre et de la mobilité des données du

---

[1] V. *Harmonies économiques*, chap. de la valeur, p. 179.
[2] V. *Harmonies économiques*, chap. de la valeur, p. 117.
[3] V. *Harmonies économiques*, chap. de la population, p. 502.

problème, nous trouvons que ces lois répugnent à se laisser enfermer dans une formule brève et rigoureuse, nous devrons y renoncer. »

Aussi cette explication de la valeur ressemble à cette loi de l'offre et de la demande qu'invoquent à tous propos les économistes inexpérimentés et superficiels pensant sortir ainsi d'embarras.

Service dit tout ; il dit trop, ne disant rien de précis ; on nous a donné [1] à profusion des exemples de services et de réels services qui n'ont pas de valeur.

Cependant Bastiat fait ressortir toutes les qualités de sa définition :

Service tient compte de la circonstance d'utilité, car service est la traduction même du mot latin *uti* : servir.

Service écarte l'idée de matérialité nécessaire, et si la valeur passe du service au produit quand il s'agit de chose matérielle, la variation même de la valeur cristallisée dans cette matière prouve bien qu'elle tient cependant encore au service [2].

Service enfin tient compte aussi de l'élément travail, si bien même qu'il *implique toujours un effort* quelconque ; mais, de plus, il a l'avantage de ne pas impliquer nécessairement une proportion dans l'intensité des efforts échangés, ce qui permet de tenir compte et d'expliquer la variation de valeur qui s'opère dans un objet [3].

---

[1] Gide, REVUE D'ECONOMIE POLITIQUE, 1887 ; Lasalle, *Capital et travail* ; Cairnes, *Essays in political economy* ; Boutron, *Théorie de la rente foncière.*

[2] V. *Harmonies économiques*, chap. de la propriété foncière, p. 319.

[3] V. *Harmonies économiques*, chap. de la valeur, p. 170 et 201 ; chap. de la richesse, p. 212.

Mais alors si cette définition écarte cette erreur
impliquée par la théorie de la valeur travail, tout en
conservant à la valeur le fondement *travail, effort,
peine prise, mérite*, en un mot, il est bien simple de
justifier la liberté et la propriété. Et Bastiat, dans un
élan d'enthousiasme qu'on regrette de ne pouvoir par-
tager entièrement, va faire de cette idée la prémisse
qui le conduira à cette harmonie qui est pour lui la
loi de l'univers, qui mène les hommes au bonheur par
le progrès indéfini.

C'est là le point essentiel de la démonstration, c'est le
nœud de la théorie, mais c'est le point faible ; aussi les
critiques avisés y ont-ils porté leurs coups.

III

Au point de vue de la justice qui nous occupe, en
effet il importe d'établir si le travail épargné est toujours un travail exécuté, une peine prise, *si le service
rendu implique toujours un effort méritoire.*

Or, il est évident, au contraire, que l'on peut épar-
gner un travail à quelqu'un en lui cédant un objet qui
n'en a coûté aucun : les critiques en ont donné des
exemples pris dans les cas les plus divers [1]. Cela, nulle
part Bastiat ne veut l'admettre ; ce serait retomber
sous le joug de la matérialité de la valeur dont il sait
trop les dangers.

Aussi il y a là une erreur de sa part, si grave de con-

[1] Même obscènes chez Lasalle, *Capital et Travail* ; — Cairnes,
op. cit. ; — Gide, *op. cit.*; — Boutron, *op. cit.*

séquences, qu'elle ferait soupçonner sa bonne foi, si elle
ne s'expliquait par la hâte qu'il avait dû porter à la
rédaction de son œuvre.

Elle est d'autant plus surprenante qu'il considère
comme une des qualités essentielles de sa définition la
signification du mot *service* qui n'implique pas la proportionnalité dans l'échange des efforts. Niant donc
qu'on peut rendre un service sans travail, il proclame
hautement qu'on peut en rendre un très grand avec très
peu d'effort, que la valeur n'implique pas nécessairement le travail ; mais c'est là reconnaître expressément
l'existence de la *rente* que jusqu'ici il nie catégori-
quement.

Si, grâce au milieu civilisé ou raffiné dans lequel je
me trouve, où si, grâce à la fertilité de mon champ,
mon travail rend plus de service que celui d'un autre,
à qualité, quantité et intensité égales, j'en retirerai
plus d'avantages ; je recevrai une *rente*. Voilà la chute ;
chute malheureuse qui nous fait retomber sous le joug
de la matérialité, de l'injustice ! Véritablement on ne
saurait comment soutenir l'idée première de Bastiat
après cet aveu involontaire.

Cependant, si difficile que cela paraisse, un de ses
plus éminents disciples et continuateurs, R. de Fontenay, l'a tenté [1]. Il développe avec une habileté merveilleuse une théorie qui fait le plus grand honneur
à son esprit philosophique, mais qui ne nous persuade
pas.

[1] JOURNAL DES ÉCONOMISTES, mars 1860; *La question de la
rente.* R. de Fontenay.

La rente, dit-il, est cette partie de la valeur que font payer les propriétaires et qui est *créée par les agents naturels*. Mais voilà un phénomène incompréhensible. C'est à croire que dans la production des choses qui nous sont utiles, une part est de fabrication naturelle, et l'autre de fabrication humaine [1]. Mais quand donc a-t-on vu la nature travailler spontanément pour nous?

En réalité, nous sommes en présence de forces qui existent nécessairement dans la création comme partout où il existe quelque chose, car la force est de l'essence de l'Être. Mais ces forces n'ont été en aucune façon créées pour notre usage et dans le but de nous servir. Si peu même, qu'elles se manifestent tout d'abord comme des ennemis à combattre. Le cyclone, l'inondation, la foudre, sont des forces qui ont produit les plus grands cataclysmes avant que l'homme leur dût les vaisseaux à voiles, les moulins à eau et le télégraphe électrique [2]. En luttant contre elles, l'homme les a maîtrisées, puis asservies en les faisant tourner à son avantage. Mais y a-t-il là un don de Dieu? assurément non, si ce n'est toutefois l'intelligence humaine. Les forces naturelles sont devenues pour l'homme, qui les a détournées et dirigées dans un but déterminé, un instrument qu'il met en œuvre et qui n'est que le prolongement de son activité personnelle, un organe artificiel.

[1] Le disciple ici ne partage pas sur une question, secondaire il est vrai, l'opinion du maître. Peut-être est-ce bien pour les besoins de la cause.

[2] Cela ressemble aux pages dans lesquelles Stuart-Mill constate l'indifférence de la nature quant à l'homme.

On ne peut donc pas distinguer deux choses où il n'y en a qu'une; il n'y a que des efforts humains plus ou moins habiles, plus ou moins productifs.

Telle est cette théorie si originale qui a pour but, comme l'œuvre de Bastiat, de nier la rente pour repousser l'injustice.

Et pourtant, malgré de si grandes habiletés, nous devons reconnaître l'existence de la rente, puisque Bastiat lui-même l'a reconnue. Et, somme toute, la contradiction de Bastiat ne doit pas trop nous étonner puisque la rente existe. Il devait la reconnaître même au prix d'une contradiction et malgré son envie, car ainsi qu'il le dit lui-même [1], un homme de valeur, parti d'une idée fausse, ne peut éviter la contradiction, car il ne serait plus un homme de valeur.

Mais les critiques n'ont pas été tendres pour lui; tous, et même les moins sévères, pensent qu'il y a là une étrange équivoque [2], une double théorie [3], une pirouette, un escamotage [4] et même une tromperie [5].

Effectivement, poussé par le désir de prouver l'harmonie et aveuglé par sa foi, il était parti du seul point d'où l'on y pouvait parvenir; mais la puissance même de sa logique, qui lui servait de guide, devait le mener

---

[1] V. *Harmonies économiques*, chap. de la valeur, p. 198.

[2] Cossa.

[3] Bondurand.

[4] Gide.

[5] Lassalle. Ce dernier, dans son pamphlet grossièrement injurieux contre Schulze, conclut que Bastiat n'est qu'un « spirituel blagueur ».

fatalement à une contradiction [1]. Et c'est ainsi que
M. Gide pense que, finalement, il laisse échapper cette
idée d'harmonie qu'il avait conservée pendant cette
studieuse analyse.

Assurément la logique et l'étude minutieuse des faits
ont conduit Bastiat à reconnaître la rente qu'il niait,
mais sa démonstration n'est cependant pas restée, à
notre avis, sans rien prouver. L'idée d'harmonie n'a
peut-être pas échappé tout entière.

IV

Pour repousser la rente, ses efforts devaient naturellement se tourner contre cette idée que les agents naturels ont, ou créent de la valeur. Nous l'avons déjà vu,
pour nous convaincre, nous exposer l'histoire de ce
naïf frère Jonathan qui se persuade par expérience que
le travail seul a une valeur dans le Far-West. Il reprend
la judicieuse remarque de Blanqui : si le travail de
Dieu se payait, que faudrait-il donner du nôtre pour
compenser sa valeur ! Qui pourrait dire ce que vau-
drait une seule goutte d'eau, qui ne coûte rien, un lopin
de terre qui ne vaut qu'un dollar ? [2] Mais, de plus, si
c'était l'intervention des agents naturels qui créât la
valeur, elle serait d'autant plus grande que leur rôle
serait plus considérable ; or, c'est tout le contraire,

---

[1] Le terme est peut-être un peu fort, c'est plutôt un manque
de précision, d'homogénéité.
[2] V. *Harmonies économiques*, chap. de la propriété foncière,
p. 315-330, et chap. de la valeur, p. 151.

plus on rejette sur les forces naturelles la production d'une chose, plus sa valeur diminue dans un régime de liberté ; un livre qui valait un prix considérable avant l'imprimerie, a baissé de valeur depuis et à mesure qu'elle s'est perfectionnée, en rejetant sur les forces naturelles le poids du travail [1].

Le concours de la nature est donc gratuit ; la différence de rémunération, la différence de valeur vient de la différence du *service* rendu. C'est à ce propos que se dévoile l'immensité de la signification de ce mot. Ici, en effet, nous voyons qu'il comprend tout simplement... *la rente*. Bastiat remarque que le plus souvent le service aura plus de valeur, sera plus grand, dans un milieu civilisé et raffiné que dans une société primitive ou grossière, la *valeur* sera le produit du *milieu* autant que de l'*effort* humain. Comme, selon une idée émise par de Fontenay [2], il est impossible de distinguer dans la production la part du milieu social et celle de l'individu, et que, d'autre part, le bénéfice de la civilisation profite à tous, il n'y a réellement pas d'injustice dans... la « *plus rémunération* » que reçoit un service, dirait Bastiat, nous disons : dans la « *rente* ».

Personne ne saurait s'en plaindre [3]. Un champ reçoit une plus-value du voisinage d'une route ; mais cela n'a rien d'injuste, car l'impôt qui est les frais généraux de

[1] V. *Harmonies économiques*, chap. de la propriété foncière, p. 331.

[2] R. de Fontenay, REVUE D'ÉCONOMIE POLITIQUE, *Question de la rente*, p.

[3] V. *Harmonies économiques*, chap. de la propriété foncière, p. 324.

la société [1] doit bien être utile à quelque chose. En quoi y a-t-il une injustice dans le fait que quelqu'un trouve un diamant et le conserve ou le vend un bon prix? En quoi cela nuit-il aux autres, à ceux qui ne l'ont pas trouvé, à la société? On peut bien dire que ce n'est pas juste, c'est vrai, mais assurément ça n'est pas non plus injuste; il n'y a pas plus de justice dans l'idée de valeur qu'il ne peut y en avoir dans le rapport de l'hypoténuse aux autres côtés du triangle. Cela n'a rien à faire avec l'idée de justice.

Aussi, il ressort de tout ceci, que c'est une discussion bien vaine et dénuée d'utilité pratique que celle qui porte sur la question de savoir si réellement on peut fonder un système social, uniquement et même principalement, sur la justice.

Voilà l'enseignement pratique que nous trouvons dans cette démonstration manquée de Bastiat. Nous avons vu les efforts tentés par lui déployés inutilement et nous considérons comme définitive cette tentative infructueuse; ce serait faire montre de présomption que de s'y essayer de nouveau après lui.

Si toutefois après cela on tient encore à rester sur ce terrain de la justice et que pour prouver l'injustice les socialistes invoquent le droit de tous sur les bienfaits de Dieu, nous répondons que rien n'est plus juste que la propriété privée, puisqu'elle est basée sur la propriété de nos efforts.

Nous ne nous entendrons jamais sans doute, car il est difficile de trancher le différend.

[1] Algave, *Cours*, 1899-1900.

Et cependant on pourrait encore trouver dans la théorie de Bastiat un poids à jeter dans le plateau de la balance. Car dans son effort pour repousser la rente, il est arrivé à faire valoir tout ce qu'il peut y avoir en elle de justice évidente. Il remarque par exemple que c'est le fait de la prévoyance de mettre un service dans le milieu où il aura le plus de valeur et d'éviter celui où il ne sera pas, ou peu, demandé [1].

C'est sur des éventualités de récompenses plus ou moins grandes que s'exerce la prévoyance qui certes a droit à une rémunération [2], car elle est le fruit des plus belles qualités morales, des plus méritoires.

Il fait ainsi ressortir le plus possible tous les mérites qui justifient cette plus-rémunération d'un service, cette rente.

Mais nous y trouverons encore mieux que cela.

*
* *

La rente exceptée, que reste-t-il dans l'échange? Les efforts, le travail, la partie purement méritoire de la valeur, le côté moral. La proportionnalité dans l'échange de ces efforts serait la réalisation de l'idéal de justice. La rente est le phénomène qui précisément s'y oppose non pas comme élément contraire, nous l'avons vu, mais comme neutre; mais on peut mesurer le degré de justice qui entre dans les échanges à la proportionnalité

[1] V. *Harmonies économiques*, chap. de la valeur, p. 202.
[2] V. *Harmonies économiques*, chap. de la propriété foncière, p. 343.

relative du travail qu'on y trouve, ce qui revient à dire que le plus souvent la justice existe en raison inverse de la rente.

C'est ce qui explique combien Bastiat devait vouer de haine à cette rente et quels efforts il a dû faire pour la repousser; il n'y a pas réussi et nous estimons que l'expérience est concluante et définitive.

Mais ce qu'il va nous prouver très clairement, c'est que dans un régime de liberté les échanges se font de plus en plus sur les bases de la proportionnalité des efforts, que la valeur tend de plus en plus à se mesurer au travail, à avoir son fondement dans l'effort; que la rémunération tend à se proportionner au mérite [1]; que le travail exécuté tend à égaler le travail épargné.

Le secret de cette heureuse évolution se trouve dans la *concurrence*, qui n'est autre chose que la liberté dans les échanges.

C'est bien là une harmonie que Bastiat tenait particulièrement à établir, en raison de son importance; et c'est pour cela qu'en constatant sa méprise quant à la négation de la rente, nous n'avons pas cru que l'idée d'harmonie lui échappât tout entière dans cette chute [2].

Car, en effet, croire que la théorie de Bastiat tient tout entière dans la négation absolue de la rente, c'est croire qu'il a toujours voulu prouver seulement que ce

[1] V. *Harmonies économiques*, chap. de la concurrence, p. 369, 356.

[2] V Gide, REVUE D'ECONOMIE POLITIQUE, 1887, tome I, p. 258; *La notion de la valeur....*

qui est, est précisément ce qui devrait être [1], et c'est là
le taxer d'un optimisme tout sentimental; c'est voir en
lui un utopiste qui pense que tout est pour le mieux
dans le meilleur des mondes, ce dont Bastiat lui-même
s'est si victorieusement défendu.

Cependant, ce qui peut à ce sujet nous induire en
erreur, c'est que, parfois, nous le voyons écrire [2] : « Le
travail s'échange contre du travail, ou mieux encore :
les services s'échangent contre des services » [3], « c'est
la totalité des travaux qui constitue la valeur ».

On croirait bien qu'il confond les deux idées d'effort
et de service, de travail exécuté et de travail épargné,
ou qu'il les considère comme deux idées semblables ;
en un mot, on croirait qu'il confond ainsi le fait et le
vœu, ce qui est et ce qui devrait être.

Ici, il force assurément sa pensée ; et cependant, il
est moins éloigné de la réalité qu'on pourrait le croire
d'abord, car en disant cela il songe au résultat définitif
que procure dans l'échange le phénomène de la concurrence, et s'il commet une erreur, ce n'est guère
qu'une exagération habituelle à ceux qui exposent une
idée nouvelle et contraire à celles généralement reçues ;
on force un peu la note au cours de la démonstration,
mais l'exactitude se trouve dans l'énoncé de la théorie
même. C'est ce qu'a fait Bastiat, et cette apparente confusion ne doit pas nous faire oublier qu'il ne voit dans

[1] Cairnes, *Essays in political economy*, p. 319.

[2] V. *Harmonies économiques*, chap. de la population, p. 526 ;
chap. de la concurrence, p. 383.

[3] V. *Harmonies économiques*, chap. de la valeur, p. 159.

la concurrence que le mécanisme fait pour effacer graduellement l'injustice, sans y parvenir toutefois complètement, dans la totalité des échanges. Et, dans l'espèce, cette exagération est peu considérable, nous l'avons dit, le fonctionnement de la concurrence va nous le montrer.

Poussé par l'intérêt personnel, l'homme cherche toujours à retirer de l'échange plus d'avantages qu'il n'en procure ; il remarque que pour cela le moyen le plus efficace est d'accaparer les agents naturels, ou de découvrir le procédé qui permet de les utiliser en en conservant le secret, ou enfin de posséder seul les capitaux nécessaires pour y parvenir.

Dans chacune de ces circonstances, il retirera de son travail une grosse rétribution, l'inégalité dans les efforts échangés sera grande. Il y aura une rente élevée, foncière, industrielle ou autre. Mais l'intérêt personnel, toujours par cette inégalité même, poussera les hommes à porter instinctivement leur travail du côté où il est le mieux rétribué ; cet attrait de grosses rémunérations durera jusqu'à leur disparition, qu'amènera cette affluence du travail, c'est-à-dire jusqu'au moment où la proportionnalité des efforts se sera établie dans l'échange, jusqu'au moment où le travail épargné, qui est le principal élément constitutif de la valeur, égalera le travail exécuté. Il semble même ainsi que Bastiat aurait pu faire la confusion sans encourir le reproche d'inexactitude si elle ne portait à croire que, définitivement, les efforts s'échangeront proportionnellement aux efforts, à la fois dans toutes les branches de l'activité humaine. En fait, les besoins croissants de l'humanité rompront toujours quelque part cet équilibre, et Bastiat lui-même nous en avertit[1]. On voit maintenant ce qui reste de son erreur sur ce point.

Aussi, lorsqu'il dit : il n'y a d'inégalité que celle qui résulte de l'inégalité des efforts[2], nous ne pensons pas qu'il y ait lieu de voir dans sa théorie une équivoque si étrange que Cairnes, Clément, Ferrara et autres critiques le pensent. C'est pourquoi nous n'acceptons pas la critique de Lassalle[3], qui prétend que Bastiat commet une quadruple contradiction en prenant le travail brut comme mesure de la valeur pour comparer le bien-être des hommes à deux époques éloignées. Si, en effet, grâce à la concurrence, le travail épargné est à un moment donné très sensiblement égal au travail exécuté, celui-ci pourra servir de mesure de la richesse à deux époques quelconques, pourvu que ce travail soit à ces deux époques dans les mêmes conditions et d'une productivité comparable ; or, c'est précisément ce qui est pour le travail brut. La durée et l'intensité, deux attributs de la matière, toujours identiques, sont les seuls éléments de rémunération pour ce travail manuel brut ; c'est pourquoi Bastiat l'a choisi, il l'explique suffisamment[4]. Il a donc très bien pu se servir de cette mesure sans admettre nécessairement la théorie de la valeur-travail.

[1] V. *Harmonies économiques*, chap. de la concurrence, p. 369.

[2] V. *Harmonies économiques*, chap. de la concurrence, p. 383, et chap. de la population, p. 525.

[3] Lasalle, *Capital et travail*.

[4] V. *Harmonies économiques*, chap. de la population, p. 527.

Cette théorie de la valeur-travail, Bastiat peut la repousser toujours sans contradiction, et c'est précisément ce fait qui proteste contre les accusations d'optimisme *a priori* et sentimental qui lui ont été portées de tous côtés.

Admettre cette théorie avec l'école anglaise, c'eût été un moyen de conclure à la justice absolue; mais entre la valeur et la justice, il y a presque toute l'épaisseur de la rente. Bastiat l'a reconnu implicitement, malgré lui, tout en s'efforçant de le nier; mais il n'a pas moins révélé une harmonie économique, en nous montrant que, successivement, dans chaque branche de la production, cette rente diminue d'une façon progressive, par l'action bienfaisante de la concurrence, pour laisser place à l'échange de plus en plus proportionnel des efforts. C'est encore beaucoup.

Cependant la rente dans l'ensemble des productions ne disparaîtra jamais complétement; il restera toujours dans la valeur une part d'injustice ou plutôt un défaut de justice. Cela paraît malencontreux, mais nous allons voir qu'il n'en est rien, bien au contraire; aussi bien, loin de le contester, nous avons vu que Bastiat lui-même, quoi qu'il dût en arriver, nous le fait remarquer. En effet, combien joyeusement devons-nous accepter cette imperfection ! C'est elle précisément qui sera le prix de l'égalité. Ce défaut de justice que l'on trouve d'abord dans la valeur, puis cette évolution qui le réduit progressivement, est le mécanisme qui permet le progrès et procure en même temps l'égalisation des conditions humaines. C'est plus qu'il n'en aurait fallu pour consoler Bastiat de n'avoir pu entièrement justifier la rente et avec elle la liberté.

———

CHAPITRE II

INÉGALITÉ.

La rente n'entre pas seulement dans le système pessimiste comme un élément d'injustice, mais aussi comme un ferment d'inégalité progressive.

L'inégalité la plus criante est celle qui naît de la rente du sol, parce qu'étant le produit direct de la loi naturelle de la population et de la loi du rendement décroissant, elle se présente comme fatale. C'est même la seule cause d'inégalité qu'étudie Ricardo, et elle lui a suffi pour assombrir bien tristement l'horizon [1].

Mais, avec Bastiat, nous déborderons considérablement le point de vue ricardien, persuadé que partout où il y a une rente, il y a les mêmes raisons d'y voir un germe d'inégalité.

Il est vrai que la rente qui s'établit à propos des produits alimentaires de première nécessité semble d'abord infiniment plus redoutable, à ce point de vue, que celle qui profite aux industriels; d'abord à cause du caractère de nécessité absolue de la demande, puis de la quantité limitée de la production qui apparaissent immédiatement.

[1] V. Ricardo, *op. cit.*, chap. II, p. 38 et suiv., édit. Guillaumin.

Mais Bastiat lui-même nous fait très justement remarquer [1] que la progressivité de notre nature et l'habitude qui nous retient à chaque étape du progrès et nous empêche de redescendre, grossissent, de jour en jour, le nombre des objets qui deviennent presque de première nécessité et dont la demande est faite à l'industrie.

De plus, la situation privilégiée de certains centres industriels leur donne un avantage contre lequel il est difficile de lutter et qui tend à la constitution d'un monopole de la production.

Il faut donc assurément, pour étudier la question de l'inégalité dans la société, se placer à un point de vue plus général que celui de Ricardo et rechercher quel peut être à ce sujet le résultat de la rente partout où elle se rencontre [2].

Nier la rente comme Bastiat prétendait le faire, c'était bien le moyen radical de repousser l'injustice, mais point du tout l'inégalité ; si peu même que si la rente n'existait pas, le germe de l'inégalité subsisterait tout entier. Mais comme il la reconnaît en fait, c'est cette sorte d'inconséquence qui va lui permettre de montrer dans la société une tendance à l'égalisation progressive.

En effet, l'égalité pour être réellement harmonique doit se réaliser dans le mieux, dans le progrès [3] ; l'immobilité répugne à notre nature et quant à l'égalité

[1] V. *Harmonies économiques*, chap. de la population, p. 519 et suiv.
[2] V. *Harmonies économiques*, chap. du capital, p. 211.
[3] V. *Harmonies économiques*, chap. de la population, p. 524.

dans le dénuement, ce ne saurait être le but visé par
aucune école, bien que ce soit là l'aboutissant probable
de plusieurs. Or, précisément, le mécanisme du progrès nécessite la rente ; et voilà pourquoi cette rente et
le défaut de justice qu'elle comporte dans la répartition, nous a paru être quelque chose comme le prix
de l'égalité.

Pour la réalisation du progrès, en effet, il n'y a
d'autre ressort que l'intérêt personnel, c'est du reste
le mobile capital qui détermine l'homme à l'effort ;
pratiquement il se manifeste par une tendance irrésis-
tible et constante à réaliser le plus de satisfactions possible avec le moins d'efforts possible ; son but univer-
sel c'est donc la rente, l'inégalité. C'est une loi ; loi
naturelle inéluctable, comme celles que l'école classique proclame depuis la physiocratie.

Il serait funeste au progrès que celle-là n'agit pas [1].

L'espoir d'une grosse rémunération, si peu élevé
que ce mobile paraisse, est assurément le seul propul-
sif efficace de notre activité.

Nous insistons là-dessus, car c'est là le grand ressort

---

[1] On a objecté qu'il est des gens et même des peuples, les
lazzaroni et les orientaux en général, que l'intérêt personnel ne
pousse pas à l'activité. Mais, s'ils ont peu de besoins ou pré-
fèrent la misère dans l'oisiveté à l'aisance dans l'activité fiévreuse, l'effort minime qu'ils accomplissent est cependant déterminé par l'intérêt personnel tout aussi bien que le « business »
anglais. On peut voir tous les jours en Algérie des Arabes d'une
nonchalance extrême porter sur un marché, à plus de dix
heures de marche, quelques œufs ou quelques fruits, afin d'en
obtenir un prix plus élevé de dix ou quinze centimes.

reconnu par Bastiat, c'est la croyance fondamentale de l'école classique.

Remarquons à ce sujet qu'elle ne craint pas, pour la vérité, de descendre aux choses même peu recommandables ; son optimisme, certes, n'est pas fait d'idéal [1]. Pour nous, il nous semble trop hardi d'espérer que ce sera un jour la règle générale qu'un homme se donne la peine sans cesse renouvelée de travailler en vue d'un progrès qui ne lui profitera pas plus qu'à tout le monde [2]. Qu'importerait à un agriculteur de faire de pénibles et coûteuses recherches sur la culture intensive et les engrais chimiques ; à un industriel, de s'absorber dans les mathématiques et les arts mécaniques, s'il ne devait recueillir, en cas de succès, que les quarante-cinq millionièmes des bénéfices réalisables en France, par exemple ?

Ce qu'il leur faut, c'est la propriété privée, qui leur assure le profit exclusif de leur travail, la rente.

Donc, pour l'existence même du progrès indispensable à l'égalité, la rente est nécessaire.

Voilà bien excusée cette imperfection du régime de liberté et de propriété individuelle. La rente nous apparait comme nécessaire et essentielle ; elle joue son

[1] Ce n'est pas l'optimisme délirant d'un Fourier qui rêve d'Harmoniens se ruant aux travaux devenus attrayants avec toute l'ardeur de la passion ; qui espère que la vaine gloire qui se déploie aux champs de bataille s'étendra à toutes les branches de l'activité humaine (Fourier, *Théorie des quatre mouvements*).

[2] C'est cependant à cela que pense pouvoir arriver le solidarisme. (V. Définition de la solidarité, par M. Gide, *Bulletin de l'Union pour l'action morale*).

rôle et un rôle important dans le mécanisme social.
Elle donne naissance au progrès qui permet l'égalisation et qui même réalise l'égalité comme nous le
verrons.

I

Mais pour avoir donné naissance au progrès, la rente,
si elle persistait, ne l'entraverait pas moins sitôt né.

— Un perfectionnement dans le mécanisme de la
production, un accroissement de demande de denrées,
ne profitant qu'à l'inventeur et au propriétaire foncier
(ce qu'implique la rente), personne ne s'y intéresse-
rait qu'eux-mêmes, et encore, le plus souvent, satis-
faits de leur profits, s'en tiendront-ils là, sans plus de
soucis [1]. On arriverait à l'immobilité.

— Quant à la société, ce serait encore pire ; le progrès sitôt paru serait frappé de stérilité ; il n'existerait
pas à son égard. Celui qui se fait aider par une force
naturelle gratuite, produit avec moins d'efforts, mais
ne renonce pas volontairement à une portion quelconque de sa rémunération [2]. Pour la société ce ne
serait même plus le progrès, ce serait simplement... la
rente.

La situation du propriétaire même absolument légi-

[1] C'est ce qui se produisait dans l'ancien régime lorsque la
corporation assurait le monopole aux artisans. Arrivés à la
maîtrise, ces « vieux dormeurs » s'assoupissaient dans leur
quiétude assurée.

[2] V. *Harmonies économiques*, chap. du capital, p. 241.

time deviendrait abusive, chaque invention nouvelle, chaque défrichement d'une terre inférieure serait un nouveau degré d'inégalité; chaque effort vers le progrès creuserait le fossé qui sépare les classes, toute amélioration dans l'organisation ou le mécanisme de la production élèverait l'inventeur et le rentier au-dessus de la foule.

Mais alors, si l'égalisation nécessite le progrès [1] et si le progrès conduit à l'inégalité, il y a contradiction, il y a antagonisme social!

Pour que les perfectionnements soient progressifs, pour que la société sente l'heureuse influence des améliorations apportées dans l'organisme et la machinerie de la production, pour éviter l'antagonisme social, pour qu'en un mot il y ait réellement progrès, que faut-il donc?

Il faut simplement que la rente existe, puis, qu'elle recule peu à peu jusqu'à disparaître, en cédant l'espace au progrès après lui avoir donné l'essor. Or, c'est précisément le phénomène que l'on remarque dans le régime de liberté et dont Bastiat nous montre l'évolution.

L'intérêt personnel pousse les hommes à faire naitre à leur profit l'inégalité en réalisant le progrès, mais un agent énergique intervient bientôt qui réduit progressivement cette inégalité jusqu'à réaliser l'équivalence en effort dans l'échange; c'est la *concurrence*.

Voilà donc encore la concurrence qui, après avoir

[1] V. p. 52.

fourni le maximum possible de justice, va conduire
l'humanité vers une égalité approximative satisfaisante.

L'*intérêt privé* est le propulseur du mécanisme économique, la *concurrence* en est le régulateur. Et dans
la simplicité merveilleuse du système, elle n'est même
qu'un côté, qu'un aspect différent de l'intérêt personnel, le côté précisément par lequel on le voit réaliser
sans cesse ce qu'il évite toujours [1]. Ces deux forces qui
prêtent à la critique quand on les considère séparé-
ment, constituent par leur ensemble, par le jeu de
leurs combinaisons, l'harmonie sociale.

La concurrence, du reste, joue dans l'école classique
un si grand rôle que l'on a souvent désigné cette école
sous le nom d'*école de la concurrence*. C'est peut-être
l'épithète la plus exacte si l'on songe que c'est de la
concurrence que ses partisans avancés attendent, non
seulement le progrès, mais aussi le remède aux maux
et aux perturbations économiques, la solution même
de la question sociale [2].

Le fonctionnement de cette pièce merveilleuse du
mécanisme social qui fait d'un instrument de monopole un moyen d'égalisation est bien simple; nous
l'avons vu déjà réalisant progressivement la justice
dans la répartition; c'est du même coup que s'opère
l'égalisation.

Les avantages sont arrachés au détenteur et répan-
dus sur le monde entier.

[1] V. *Harmonies économiques*, chap. de la concurrence, p. 355.
[2] G. de Molinari, *Comment se résoudra la question sociale*,
préface, p. 16-23, 299.

Les agents naturels, les dons de Dieu, sont répartis très diversement sur la surface du globe. Il semble que ce soit là un fait bien propre à favoriser le monopole.

L'habitant des tropiques a a facilité d'accaparer le café, le cacao et le coton que la chaleur de son soleil peut seule faire pousser. S'il pense à les céder aux hommes des pays tempérés, il poussera ses exigences à leur limite extrême, bien au delà du prix correspondant à ses efforts. L'habitant du nord fera de même pour le fer et la houille que n'ont pas les pays chauds. Il en sera des forces naturelles qui sont aussi fort inégalement réparties comme des matériaux.

Il y aura donc une grande inégalité entre les hommes selon qu'ils seront ou non dans des régions favorisées.

Mais cette inégalité même provoquera la concurrence; le travail se porte instinctivement du côté des grosses rémunérations, il y afflue jusqu'à ce qu'elles rentrent dans la règle. On peut dire, avec Bastiat, que l'inégalité est un aiguillon qui nous pousse vers l'égalité [1]. C'est le spectacle de tous les jours; nous entendons actuellement les doléances des commerçants de toutes nations établis dans les comptoirs de la Chine, déplorant cette concurrence qui ne leur laissera bientôt plus que les bénéfices qu'un commerce semblable leur procurerait en Europe [2].

Une autre circonstance fournit encore à certains hommes les moyens de profiter d'une inégalité qu'ils

[1] V. *Harmonies économiques*, concurrence, p. 359.
[2] V. *le Temps*, n° du 17 septembre 1901.

font naître; c'est la connaissance exclusive des procédés par lesquels on peut utiliser les agents et les forces naturelles. Tant que l'inventeur de ce procédé sera maître de son secret, la conquête sera réalisée, mais à son profit exclusif, car il ne renonce pas à une portion quelconque de sa rémunération accoutumée bien qu'il ait moins de peine à produire.

Mais son exemple excite les convoitises; les chercheurs se mettent en œuvre, l'imitation est inévitable, le procédé nouveau se répand graduellement et fait baisser successivement les prix, donnant ainsi de moins en moins grosses rémunérations aux imitateurs les plus retardataires.

Enfin, l'invention arrive à la diffusion universelle et le taux des rémunérations tombe à la hauteur normale du soutien de l'industrie.

Ainsi, ce procédé, après avoir récompensé son inventeur et ses imitateurs successifs chacun selon leurs mérites, est en définitive une conquête au profit de l'humanité, car la valeur représentée par la différence entre l'ancienne rémunération et la nouvelle a été anéantie à son profit.

Pour parcourir le cycle complet des diverses façons d'accaparer les agents naturels et de profiter exclusivement de leur utilisation, il faut signaler enfin la possession exclusive de ce que Bastiat appelle l'instrument[1] qui permet leur emploi, c'est-à-dire des *capitaux*.

Assurément celui qui possède les matériaux à trans-

[1] V. *Harmonies économiques*, chap. de la concurrence, p. 356.

former et les moyens d'existence à consommer pendant le travail, peut imposer sa loi. Mais, comme d'autre part, le capital doit être mis en œuvre sous peine de se détruire, les capitalistes entrent en concurrence ; ils rabattent sur leurs prétentions extrêmes et c'est autant de gagné pour la société.

Ce gain est même double pour elle, car d'autre part, l'emploi des capitaux signifie que l'on fait exécuter par les forces naturelles ce qui s'exécutait par le travail humain [1], et nous avons vu que finalement, dans ce cas, c'est l'humanité qui est le vrai bénéficiaire.

Ainsi, tous les efforts suscités par l'attrait de la rente et de l'inégalité concourent au progrès ; mais, grâce à la concurrence, la rente s'efface graduellement devant lui.

Il va nous mener vers l'égalisation.

II

En dehors de la propriété individuelle, il y a un fonds commun dont les hommes jouissent sur un pied de parfaite égalité ; on y trouve l'air, la lumière, la gravitation, par exemple, qui sans valeur profitent gratuitement à tout le monde.

L'égalité parfaite, idéale, existerait si on pouvait comprendre, dans cette communauté, l'ensemble des moyens de satisfaction de tous les besoins. Malheureusement, il n'en peut être ainsi de par le décret de Dieu, et l'existence même de la propriété le prouve.

[1] V. *Harmonies économiques*, chap. du capital, p. 245

Mais si la propriété est diversement répartie (ici la question de légitimité intéresse peu), si elle consacre entre les hommes une inégalité, du moins faut-il remarquer que cette inégalité est bien atténuée par l'existence du fonds commun[1]. Cela est mathématique; il est bien certain que la différence entre un et deux est beaucoup plus grande qu'entre cent un et cent deux, par exemple, et cela par la seule addition d'une quantité commune : cent.

Mais si l'existence seule de ce fonds commun atténue en partie l'inégalité, on comprend quel effet puissant d'égalisation on obtiendrait de son extension progressive.

Une question importante, à notre point de vue, est donc celle de savoir si la communauté existante est une quantité fixe, invariable ou au contraire une masse extensible.

Mais c'est précisément le rôle du progrès, nous venons de le voir, de faire tomber successivement dans la communauté les parcelles qu'il arrache à la propriété.

Le progrès n'est autre chose que l'accroissement du nombre des moyens de satisfaction obtenus avec la même somme ou une somme moindre d'efforts.

Mais comme en définitive, grâce à la concurrence, l'action de la nature devient gratuite et que les efforts tendent toujours à se payer le même prix, quelle que soit leur productivité, il en résulte que la partie de la valeur correspondant à la portion du prix anéanti vient accroître la communauté.

[1] V. *Harmonies économiques,* chap. de la propriété communauté, p. 287.

Les produits de toute sorte tendent à revêtir et revêtent positivement, de jour en jour, cette condition de gratuité sous laquelle nous sont offerts l'eau, l'air et la lumière [1].

La progressivité de cette communauté se manifeste matériellement par ce fait remarquable qu'un homme peut consommer en un jour plus qu'il ne saurait produire pendant plusieurs siècles [2] et que cela est vrai de tous les hommes à la fois. C'est que tous profitent en commun du travail de la nature; tous participent également au progrès.

Aussi, tout ce qui concourt au progrès, la propriété, la concurrence, le capital, sont de ce chef encore des agents égalisateurs.

Cependant, à propos du capital, une inquiétude subsiste. D'après ce que nous avons vu, le progrès doit coïncider avec la rapide formation des capitaux [3], puisque « leur formation est l'indice que les obstacles autrefois onéreusement combattus par le travail des hommes, sont combattus actuellement par la nature ». Alors, voici l'objection : Si tout le poids du travail est ainsi rejeté sur la nature, que deviendront les ouvriers, ceux qui n'ont comme moyen de subsistance que le travail actuel de leurs bras? Voilà certes qui va rompre l'égalité! Les capitalistes verront grossir indéfiniment la capacité d'achat de leur argent, tandis que le reste de l'humanité perdra de plus en plus les moyens de

[1] V. *Harmonies économiques*, chap. de la population, p. 528.
[2] V. *Harmonies économiques*, chap. du capital, p. 245.
[3] V. *Harmonies économiques*, chap. du capital, p. 217.

s'en procurer. Il y aura antagonisme entre le capital et le travail, et le jeu de la concurrence l'aura provoqué.

Cette concurrence qui nous a paru une force bienfaisante, tant que nous l'avons considérée au point de vue du consommateur, aurait-elle donc quant au producteur des effets nuisibles?

Assurément, c'est le revers de la médaille; nous l'avons déjà vu. Puisque l'œuvre de la concurrence consiste à niveler, elle doit nécessairement contrarier les producteurs qui s'efforcent toujours de s'élever au-dessus du niveau [1]. Bastiat lui-même fait cette remarque et cela seul proteste contre le reproche qu'on lui a fait de confondre l'intérêt public avec celui du consommateur [2]. Il ne néglige pas d'examiner les froissements et les souffrances qui accompagnent l'action de la concurrence [3], et si cependant il s'arrête plus volontiers à l'analyse de ses effets favorables, c'est qu'il importait d'établir la contre-partie des observations des pessimistes qui tenaient les yeux exclusivement fixés sur le côté sombre. Somme toute, Bastiat nous montre qu'il s'agit ici d'établir la balance entre les deux effets de la concurrence au point de vue de l'existence et du bien-être général des travailleurs.

Dans l'espèce, la question sur le terrain pratique est celle-ci : La concurrence que se font les ouvriers entre eux peut-elle les priver de salaires, ou du moins abaisser les salaires au point de les empêcher de participer au

[1] V. *Harmonies économiques*, chap. de la concurrence, p. 385.
[2] Cossa, *Histoire des doctrines économiques*, p. 384.
[3] V. *Harmonies économiques*, chap. de la concurrence, p. 385.

progrès que d'autre part elle fait naitre? Si oui, les avantages en reviendraient aux capitalistes seuls, tandis
que, seuls, les ouvriers en auraient les inconvénients ;
la concurrence creuserait un fossé de plus en plus
infranchissable entre les classes de la société.

En réponse, Bastiat reprend sa théorie de l'accroissement indéfini des besoins humains [1]; puis, il montre
que chaque découverte nouvelle, en mettant des bras
en disponibilité, libère aussi un capital correspondant.
Celui-ci ayant toujours besoin d'un nouvel emploi
pour subsister, occupe les activités disponibles à satisfaire les besoins nouveaux.

Bastiat envisage les choses d'un peu haut et d'une
façon un peu trop générale; nous ne le trouvons pas
assez soucieux des crises parfois terribles qui proviennent des à-coups dans la marche du progrès, car il faut
avouer que cette force ascensionnelle qui élève l'humanité, agit parfois bien brutalement. Mais enfin, cela
n'infirme en rien la vérité générale de son observation ;
le progrès, la concurrence, ne suppriment jamais définitivement le travail nécessaire aux ouvriers; nulle
époque ne pourrait être mieux choisie pour l'affirmer
que la nôtre depuis que Bastiat le fit. Une fois de plus
il faut constater que le mieux ne va pas sans quelques
maux; mais aux maux de la concurrence, l'humanité
apprend chaque jour à opposer deux puissants remèdes,
la prévoyance et l'association. Aussi, en définitive, la
balance entre les désavantages et les bienfaits de la

---

[1] V. *Harmonies économiques*, chap. des besoins, efforts, satisfactions, p. 60 et suiv. Franklin.

concurrence se montre-t-elle favorable aux travailleurs. Ne leur enlevant pas leurs moyens de subsistances, elle leur permet de participer au progrès général. Elle les élève continuellement vers un niveau
qu'elle ne permet à personne de franchir et les rap-
proche, par conséquent, de plus en plus de la classe des
propriétaires.

— Mais il faut remarquer, en outre, que si les avantages même légitimes que les plus favorisés ou les plus
habiles peuvent se procurer, leur échappent, du moins
lorsqu'ils sont assez élevés pour menacer l'égalité, les
maux d'autre part n'accablent pas seulement quelques
individus, mais se répandent aussi comme les biens sur
l'humanité, réalisant ainsi *l'assurance universelle*. Mais
il ne faut pas se faire illusion; et ce fait même rend le
progrès très lent en le généralisant; la grande loi de
solidarité lie les uns aux autres tous les peuples de la
terre. « Il semble, dit Bastiat, que la providence n'ait
pas voulu qu'un peuple s'élevât au-dessus d'un autre
au-delà de certaines limites : Ainsi dans le vaste ensemble comme dans les moindres détails de la société
humaine, nous trouvons toujours que des forces admi-
rables et inflexibles tendent à conférer en définitive, à
la masse, des avantages individuels ou collectifs et à
ramener toutes les supériorités sous le joug d'un niveau
commun, qui, comme celui de l'Océan dans les heures
de flux, s'égalise sans cesse et s'élève toujours[1]. »

L'assurance, la mise en commun des gains et des

[1] V. *Harmonies économiques*, chap. de la population, p. 533.

pertes de chacun, n'est-ce pas là le levier le plus puissant pour l'égalisation de l'humanité?

— Cependant Bastiat discerne dans les faits un processus peut-être encore plus favorable. Il est propulsé par la loi de la distribution, qui dans le progrès réserve une plus belle part au travail qu'au capital [1], et qui n'aboutit à rien moins qu'à la suppression même des classes sociales.

Partant de ce fait qu'une augmentation de capital accroît le bien-être général, il formule cette loi : « A mesure que les capitaux s'accroissent, la part absolue des capitalistes dans les produits totaux augmente, et leur part relative diminue. Au contraire les travailleurs voient augmenter leur part dans les deux sens [2]. »

La part relative des capitaux diminue, c'est un fait ; à mesure que les capitaux abondent, l'intérêt baisse. La part absolue des capitaux augmente : si l'intérêt baisse, c'est que d'autre part les capitaux s'accroissent. Et la combinaison de ces phénomènes corrélatifs, accroissement du capital et diminution d'intérêt, s'accomplit *nécessairement* de telle façon que le produit total augmente sans cesse.

Ainsi la situation du capitaliste sera de moins en moins enviable, ne conférant pas de privilège ; de plus il deviendra facile aux travailleurs de devenir capitalistes pour assurer le bien-être de leurs vieux jours.

Il n'y aura donc plus dans la société, parmi les gens

---

[1] V. *Harmonies économiques*, chap. du capital, p. 249.
[2] V. *Harmonies économiques*, chap. du capital, p. 249.

intéressants, guère que des travailleurs capitalistes. Ce sera la fusion, l'égalisation dans le mieux.

**

Voilà un des aperçus les plus réconfortants de l'économie sociale. Nous avons vu la propriété s'attaquer successivement à tous les obstacles, utilisant le capital pour diriger contre eux les forces de la nature, enfin la concurrence rendre l'utilité ainsi obtenue de plus en plus gratuite, commune, en l'arrachant progressivement au domaine de la propriété individuelle. C'est un cycle parcouru sans cesse dans une ascension continuelle vers le mieux et l'égalité.

Est-ce à dire que le jeu de ces lois si favorables doive mener à l'égalité absolue? Assurément non, nous avons vu qu'il faudrait pour cela la communauté intégrale de tous les moyens de satisfaction, ce qui est essentiellement impossible.

Bastiat lui-même proteste contre cette idée et nous donne, avec la clarté merveilleuse à laquelle il nous habitue, le terme exact de comparaison : « On dira que ces lois doivent mener à l'égalité absolue ; pas plus que le rapprochement de la droite et de l'asymptote n'en doivent amener la fusion [1]. »

Puis il résume le destin de l'Humanité, élévation du niveau général, rapprochement indéfini des classes, diminution relative quant au nombre des couches so-

[1] V. *Harmonies économiques*, chap. de la population, p. 531.

ciales extrêmes et extension des couches intermédiai-
res [1].

Le résultat matériel et palpable pour chaque individu
est que de plus en plus pour un travail déterminé chacun obtiendra une somme de satisfactions qui doit
s'accroître et s'égaliser.

C'est précisément le contraire de la théorie ricar-
dienne qui prétend que l'humanité est obligée de donner une somme de travail toujours croissante contre une
égale quantité de subsistance, ou, ce qui revient au
même, recevoir une quantité décroissante de subsistance pour un même travail, tandis que les propriétaires voient au contraire croître leurs richesses ; tout cela
par le seul développement de la population.

A notre avis, Bastiat a montré suffisamment les
vices et l'étroitesse du point de vue de Ricardo. Et
quant à l'accroissement de la population, non seulement il pense qu'il ne nuit en rien à l'humanité, mais
encore qu'il profite à tous les travailleurs comme au
propriétaire foncier.

Mais nous tombons ici dans le problème de la population.

[1] V. *Harmonies économiques*, chap. de la population, p. 531.

CHAPITRE III

MISÈRE.

L'intérêt personnel au moyen du capital réalise sans cesse le progrès dont l'humanité entière bénéficie grâce à la concurrence. C'est ce que Bastiat nous a démontré au cours de sa minutieuse analyse.

Mais alors, comment se fait-il que le bien-être ne se soit pas accru et répandu très rapidement ? Car c'est un fait qu'il y a des malheureux qui ne méritent pas de l'être.

Bastiat en voit la raison dans l'ensemble des causes perturbatrices qu'il réunit sous la dénomination de *spoliation*. Malthus et les pessimistes en accusent le principe de la population.

Il est étrange que ce problème de la population ait été de toutes les questions économiques le plus fertile en malentendus. Bastiat consacre une bonne partie d'un chapitre à les dissiper au bénéfice de Malthus, et cela a suffi pour faire naître à propos de lui de tout aussi graves erreurs ; nous serons obligé nous-même de nous essayer à les rectifier à notre tour.

A vrai dire toutes ces erreurs proviennent d'un défaut d'attention et de soin dans l'étude de cette question intéressante [1]. Celles que Bastiat a réfutées, avaient été d'autant plus inévitables à leurs auteurs qu'elles leur fournissaient un moyen commode de repousser une théorie gênante pour leur système [2].

A voir ainsi Bastiat s'efforcer de rétablir la vraie théorie de Malthus, on s'est imaginé qu'il la défendait dans l'intérêt de la sienne propre, qu'il s'attachait à en réfuter les critiques pour en conserver le bénéfice.

Mais comme d'autre part quelques passages des *Harmonies* et quelques notes posthumes, destinées à compléter le chapitre de la population resté inachevé, se mettent nettement en opposition avec la théorie de Malthus, on crie aussitôt à l'étrange contradiction [3]. Voilà le malentendu. Nous protestons contre cette accusation gratuite ; il suffit de lire avec soin l'œuvre de Bastiat pour se persuader qu'il ne s'est jamais contredit à ce sujet, car jamais il n'a accepté nulle part la théorie de Malthus. Il la tenait pour incomplète, et en l'espèce, ce vice équivalait à ses yeux à une *erreur* [4] capitale.

Si cependant il a tenu à redresser cette théorie, c'était pour faire ensuite une œuvre utile en repoussant en elle non pas une théorie faussée, ce qui n'eût

---

[1] V. A. Joire, *La population*, Introduction, p. 9, E. Levasseur. « On cite plus souvent Malthus qu'on ne lit son ouvrage. » *La population française*, tome III, chap. I, p. 3.

[2] V. *Harmonies économiques*, chap. de la population, p. 498 et suiv. — E. Levasseur, *op. cit.*, tome III, livre IV, chap. I, p. 7.

[3] Cossa, *Histoire des doctrines économiques*, p. 381.

[4] *Harmonies économiques*, chap. de la population, p. 529); c'est le mot même dont il se sert.

rien prouvé, mais bien la véritable théorie de Malthus ; il ne se souciait pas de donner des coups d'épée dans l'eau.

Jamais, certes, Bastiat n'a pensé qu'il existât un antagonisme social qui fait que l'homme tend à multiplier *au-delà* [1] de ce que les moyens d'existence ne le permettent ; ni même que le principe de population pût entraver de plus en plus la marche de l'humanité vers le progrès et le bien-être.

Bien au contraire, sa théorie là-dessus tient dans deux propositions nettement opposées.

— La population ne peut pas constituer un danger.

— La population est par elle-même un élément de progrès et de bien-être pour l'humanité.

I

La population ne peut pas être un danger, c'est là en quelque sorte le côté négatif de la thèse de Bastiat, l'affirmation de sa confiance, en opposition aux craintes éprouvées par Malthus [2].

Celui-ci pense : Dieu a pris beaucoup de soin des espèces, mais peu des individus [3] ; les êtres animés sont doués d'une fécondité si débordante que les

---

[1] Malthus, *op. cit.*, livre I, chap. I, p. 4.

[2] L. Hoffman, *Die Bevœlkerungszunahme ist keine Gefahr ! Gegen die Malthusianer*, 1892. (L'accroissement de la population n'est pas un danger.)

[3] V. Malthus, *Essai sur le principe de la population*, 2e édition française, Genève-Paris. 1823. Livre I, chap. I, p. 3 et suiv.

germes ne peuvent tous se développer et que beaucoup de rejetons doivent souffrir et même mourir prématurément.

L'homme ne fait pas physiologiquement exception à cette loi ; cependant il est prévoyant et peut par sa volonté mettre obstacle à la multiplication fatale. Mais sa volonté *seule,* qui se manifestera par le « *moral restraint* »[1], pourra éviter l'action répressive du vice, de la misère et de la mort. Il faut donc que l'humanité entière se soumette le temps convenable à un régime ascétique. Mais quel apôtre espère assez effrayer ou persuader les hommes pour parvenir à ces résultats ![2]

Il arrivera donc fatalement que ces hommes, par leur organisation même, tomberont dans la famine, le vice, la misère progressive.

De tout ceci, que retient Bastiat ?

Que l'homme, comme tous les êtres vivants, mais moins qu'eux cependant[3], a une tendance physiologique à multiplier plus que ne le permettent l'espace et l'aliment[4].

Puis, qu'à cette trop luxuriante faculté de multiplication, deux séries d'obstacles sont opposés : les obs-

[1] Malthus, *op. cit.,* livre I, chap. II, p. 20 et suiv. P. 21. « ... L'abstinence du mariage, jointe à la chasteté, est ce que j'appelle contrainte morale. » — V. ce qu'on a entendu par contrainte morale : Joire, *De la population,* p. 169 et suiv.

[2] V. E. Levasseur, *La population française.* tome III, livre IV, p. 10.

[3] V. *Harmonies économiques.* chap. de la population, p. 506 et 512.

[4] V. E. Levasseur, *Population française.* tome III, livre IV, chap. I, p. 24.

tacles préventifs et les obstacles répressifs, les uns ayant d'autant plus d'action que les autres en ont moins [1].

Voilà, dans la théorie de Malthus, les seules choses qu'accepte Bastiat. Et comment pourrait-il faire autrement?

Faudrait-il, pour rejeter la thèse, qu'il s'inscrivit en faux contre toutes et chacune de ses propositions, même contre celles dont les faits établissent l'exacte vérité d'une façon évidente? Ce sont précisément celles qu'il a reçues, les seules; cela autorise-t-il à penser qu'il se range entièrement à l'avis de Malthus?

Assurément non; et d'autant moins qu'il s'écarte aussitôt de lui en affirmant que la *contrainte morale*, la volonté, n'est pas le *seul* obstacle préventif qui s'oppose à la loi de la population [2].

La faculté physiologique de reproduction chez l'homme est limitée en fait par d'autres causes inhérentes à sa nature, à son état social et à des circonstances extérieures.

Si bien que cette force limitative qui, chez les végétaux et les animaux, ne se manifeste que sous forme de souffrance et de destruction [3], apparaît aussi chez l'homme comme force préventive intelligente. La loi de la population n'est plus seulement une loi naturelle, mais aussi une loi sociale.

[1] Malthus, *op. cit.*, livre I, chap. II, p. 26.
[2] V. A. Joire, *De la population*, p. 170 et 171, interprétation inouïe de la « contrainte morale ». Ce serait une contradiction de la part de Malthus, car c'est là un vice, et il oppose le vice et la mort à l'obstacle privatif: la « contrainte morale ».
[3] V. *Harmonies économiques*, chap. de la population, p. 511.

La nature n'a pas traité l'homme comme les autres créatures; elle a multiplié les obstacles préventifs[1]. L'ignorance dans laquelle l'enfance peut être entretenue; la pudeur qui lui succède et qui est un sentiment de la dignité de la personne que l'homme seul peut posséder; enfin la chasteté que la volonté humaine a quelquefois la force d'imposer et qui est précisément le seul obstacle que Malthus signalait.

De plus, l'état de société qui est pour l'homme l'état de nature[2], apporte encore des entraves à la loi de la multiplication. C'est tout naturel, car cette loi lui est nuisible, et, par une réaction semblable à celle qui se produit contre toute chose qui lui cause un dommage, elle lui oppose des règles, règles morales, véritables lois sévèrement sanctionnées par l'opinion publique. C'est ainsi qu'elle a réglementé les relations de personnes de sexe différent, impitoyable à ceux qui s'en affranchissent et punissant toujours leurs écarts indépendamment même de toute loi positive.

« Qu'est-ce que cet honneur si délicat, dit Bastiat[3], cette rigide réserve, si généralement admirée, même par ceux qui s'en affranchissent, ces institutions, ces difficultés de convenance, ces précautions de toutes

---

[1] V. Fourier. Remèdes naturels à la croissance de la population : 1° exercice intégral; 2° gastrosophie; 3° vigueur des femmes; 4° mœurs phanérogames.

[2] Bastiat s'acharne, avec une puissance de logique admirable, contre les sophismes de Rousseau. V. *Harmonies économiques*, p. 37, et généralement tout le premier chapitre : Organisation naturelle et organisation artificielle.

[3] V. *Harmonies économiques*, chap. de la population, p. 316.

sortes, si ce n'est l'action de la loi de limitation mani-
festée dans l'ordre intelligent, moral, *préventif*, et par
conséquent exclusivement humain? »

Si, grâce à ces règles, les mariages ne se font dans
la société qu'à un âge beaucoup plus élevé que celui
auquel apparaît la puberté, c'est encore autant d'action
qu'il faut reconnaître à l'obstacle préventif [1].

Enfin, Bastiat critique cette formule de Malthus :
la population tend à se mettre au niveau des moyens
de *subsistance* [2]. Il fait remarquer que J.-B. Say déjà a
remplacé très judicieusement ces mots : « moyens de
subsistance » par ceux-ci : « moyens d'*existence* » [3].

Les moyens de subsistance sont une quantité qu'on
pourrait à la rigueur déterminer d'une manière fixe ;
les moyens d'existence, au contraire, ne sont pas une
chose absolue et uniforme, ils ont une limite inférieure
dans les moyens de subsistance, mais n'en ont pas de
supérieure.

L'homme a une aspiration invincible à s'élever ;
ses besoins embrassent de jour en jour un cercle plus
étendu [1]; (c'est toujours la théorie de l'accroissement
indéfini des besoins humains).

Dès lors, il va sans dire qu'il répugne à descendre,

[1] V. Ch. Bertheau, *Essai sur les lois de la population*, chap. XI,
p. 272 et suiv.

[2] Malthus, *op. cit.*, livre I, chap. I et chap. II, p. 19-20-37, etc.

[3] *Harmonies économiques*, chap. de la population, p. 520, 501,
506.

[4] *Harmonies économiques*, chap. besoins, efforts, satisfaction,
p. 60 61 ; chap. des besoins de l'homme, p. 67-69-63, 521-532 ;
chap. de la population.

d'autant plus fortement que l'*habitude* rapidement prise
du bien-être l'incite à se maintenir au rang qu'il a con-
quis et à déployer toute son énergie pour y parvenir [1].

Cet effet produit par l'habitude, ce rôle dans l'économie humaine, Bastiat le compare à la fonction des
valvules de notre système artériel qui s'opposent à
toute marche rétrograde [2]. Par elle, l'humanité, toujours poussée vers des régions plus élevées, ne peut
s'arrêter à aucun degré de civilisation [3].

Ainsi donc, tout en admettant que la population
tende à se mettre au niveau des moyens d'*existence*,
comme ceux-ci sont une quantité sans cesse grossis-
sante, nous n'avons cependant pas à nous épouvanter
de ce fantôme de la misère progressive qu'agite si funè-
brement Malthus.

Bien au contraire, c'est l'aisance de plus en plus
grande qui paraît assurée à l'humanité par cette poussée instinctive au progrès.

Le progrès, en effet, implique un usage de plus en
plus éclairé de la limitation préventive ; et comme
les redoutables obstacles répressifs doivent disparaître
à mesure que les obstacles préventifs se multiplient,
jamais la population ne croîtra plus vite que les moyens
d'existence et à plus forte raison que les moyens de
subsistance.

---

[1] C'est l'idée qu'on retrouvera plus tard dans H. Spencer, sous
la forme d'une opposition entre la procréation et « l'individua-
tion ».

[2] *Harmonies économiques*, chap. de la population, p. 521, 532.

[3] Malthus avait entrevu cet argument présenté par Bastiat.
V. E. Levasseur, *Population française*, tome III, livre IV, chap. I,
p. 7, en note.

Pour Bastiat donc, la tendance physiologique à multiplier ne constitue pas pour l'humanité un danger ; nous voilà déjà bien loin de la théorie de Malthus [1].

*

Dans tous ces développements, une condition essentielle, toujours présente quand il s'agit d'une thèse de Bastiat, est que le milieu soit celui de la liberté. C'est dans ce milieu seul que peuvent se produire ces heureux résultats.

Cela importait à dire, car on entend souvent des partisans d'un régime de contrainte invoquer à leur profit l'argument capital de Bastiat : l'action conservatrice de l'habitude dans le bien-être.

Les socialistes n'y manquent pas lorsqu'on leur objecte que, si réellement leur système assure à chacun les moyens d'existence et même le bien-être, il doit conduire fatalement à la multiplication irréfléchie et aboutir en définitive à la misère.

Mais il faut bien se persuader que chez eux cet argument a perdu toute force et toute valeur ; l'existence et le bien-être garantis, l'obstacle signalé par Bastiat disparaît ; c'est qu'en effet s'il réside dans l'habitude, son ressort cependant se trouve dans le merveilleux mécanisme de la *responsabilité* que le système socialiste détruit. Or, ce n'est pas à ce point de vue, plus qu'à

[1] V. dans un ordre d'idées semblables l'opinion si originale de Fourier, *Fausse industrie*, tome I, p. 560 ; *Nouveau monde*, p. 535-538.

d'autres, que la fraternité[1], le point d'honneur[2], l'attraction passionnelle[3] ou la vigilance de l'Etat[4] pourront le remplacer. Les socialistes ont brisé ce frein si puissant.

Si l'habitude que l'on prend du bien-être enseigne aux hommes, dans un régime de liberté, les moyens de le conserver et les incite à faire les efforts nécessaires pour cela, c'est qu'elle déclanche, pour ainsi dire, la responsabilité ; ils sentent un intérêt direct et immédiat à agir. Un père qui se voit dans l'obligation d'élever ses enfants prendra certainement sur lui de n'en avoir pas plus qu'il n'en peut nourrir.

La responsabilité de l'homme est son suprême agent d'éducation, dit Stuart Mill[5]; on peut ajouter : un stimulant énergique. Aussi le système de liberté se ramène philosophiquement à développer le plus possible le sentiment de la responsabilité[6].

Au contraire, dans ces systèmes qui enseignent au peuple à tout attendre du gouvernement, qui rendent l'expérience elle-même inefficace et frappent d'inertie la responsabilité[7], l'habitude du bien-être si elle existe ne peut empêcher la multiplication excessive et devient seulement une cause de souffrance de plus.

[1] Cabet, *Voyage en Icarie*.
[2] L. Blanc, *Organisation du travail*.
[3] Fourier, *Unité universelle*, tome II.
[4] Renard. Shœfile, *Quintessence du socialisme*, p. 83.
[5] Stuart Mill, *La liberté*, p. 129-130.
[6] V. Deschamp, *Cours*, 1899-1900.
[7] V. E. Levasseur, *op. cit.*, tome III. livre IV, chap. I, pages 8 et 18.

II

Nous avons vu que pour Bastiat, la tendance physiologique de l'homme à multiplier ne peut constituer un
danger dans un système de liberté, grâce aux nombreuses formes sous lesquelles se manifeste la loi de la
limitation préventive.

Mais il va bien plus loin. Son idée profonde, c'est
que dans les sages limites où la population se développe en fait, son accroissement est un élément même
du progrès.

Cette idée, dont on retrouve les traces çà et là dans
les *Harmonies* [1] et dans des notes posthumes sans ordre
et restées sans développement, est en quelque sorte le
côté positif de sa démonstration et devait faire le fond
de sa théorie générale [2].

Elle est assurément en opposition absolue avec la
thèse de Malthus [3]; elle nous conduit à voir harmonie
où celui-ci voyait discordance, mais loin de constituer
une contradiction avec les développements précédents,
elle n'en est que la suite attendue.

[1] *Harmonies économiques*, chap. de l'échange, p. 115, 116, 120;
chap. de la propriété foncière, p. 331; chap. service privé,
service public, p. 536; chap. causes perturbatrices, p. 567.

[2] Il recommande dans ses notes d'insister particulièrement
sur cette idée.

[3] Cette thèse de Malthus, renforcée plus tard par la théorie
du rendement moins que proportionnel de Stuart-Mill; nous n'en
parlons pas ici, car lors même qu'elle serait exacte, elle n'infir-
merait en rien la théorie de Bastiat qui repose sur un accroissement de population suffisamment modéré pour qu'il ne soit
pas nuisible. La diminution progressive du rendement serait un
frein de plus pour la population.

Malheureusement Bastiat n'a laissé sur ce point qu'une ébauche; mais elle permet de se rendre compte de la théorie qui en serait sortie et d'apprécier la valeur des arguments qui se présentent.

Dans le chapitre de l'échange [1] Bastiat prouve que dans l'isolement nos besoins dépassent nos facultés, tandis que dans l'état social, nos facultés dépassent nos besoins. Ce phénomène tient à ce que l'état de société permet la division du travail, l'augmentation du capital, le perfectionnement de l'échange; qu'il permet, autrement dit, de rejeter de plus en plus sur la nature le poids de la production, de développer l'utilité gratuite, de réaliser le progrès.

Ces avantages seront d'autant plus considérables qu'on pourra tirer de chacun d'eux le plus grand parti possible. D'une part, l'association des efforts permet d'atteindre des résultats qu'un homme isolé ne peut espérer; d'autre part, il n'est pas nécessaire de rappeler les immenses profits que l'on peut retirer d'une division de plus en plus profonde du travail au point de vue de la rapidité et de la qualité de la production. Or la condition essentielle pour tout cela est la densité de la population; « une génération plus nombreuse [2], c'est une meilleure séparation d'occupations, c'est un nouveau degré de supériorité donné aux facultés sur les besoins [3]. »

[1] *Harmonies économiques*, chap. de l'échange, p. 108 et suiv.
[2] Notes posthumes.
[3] V. *contra* : Stuart-Mill, *Principes d'économie politique*, tome IV.

C'est encore un accroissement progressif de population qui permettra une augmentation rapide du capital [1], c'est-à-dire des instruments par lesquels nous ferons de plus en plus contribuer les forces et les agents naturels à la production. C'est ici surtout que l'heureuse influence de la loi de multiplication se fera sentir.

Les machines, ces esclaves d'acier, sont en général fort coûteuses, et cependant leur emploi n'est possible que si, en réalisant une économie sur le mode de production jusque-là usité, elles produisent encore une rémunération suffisante pour payer l'intérêt des capitaux engagés et leur détérioration par l'usage.

Cette antinomie apparente du meilleur marché produisant davantage ne peut se résoudre que par une grande densité de population. Si le livre qui coûtait un prix inabordable pour beaucoup, avant l'imprimerie et ses perfectionnements, est cédé aujourd'hui à un prix infime, c'est que d'innombrables exemplaires sont vendus et rapportent au total une somme qui solde tous les frais et laisse encore un bénéfice.

L'accroissement de la population est donc un élément essentiel à l'accroissement du capital, et s'il est vrai, comme le dit Bastiat [2], que le capital possède en lui-même une force de progression *(vires acquirit eundo)*, nous devons assister au merveilleux spectacle de l'humanité s'élevant en un cycle sans cesse parcouru : le capital poussant au progrès, le progrès procurant une

[1] V. *Harmonies économiques*, chap. du capital, p. 247.
[2] V. *Harmonies économiques*, chap. du capital, p. 247.

croissance de population dans de sages limites, et cet accroissement à son tour réagissant favorablement sur le capital.

Enfin, dans le domaine de l'échange encore, l'accroissement de la population à lui seul équivaut à une série de perfectionnements que l'on s'efforce péniblement de réaliser.

L'échange a l'avantage de procurer à chacun les moyens de satisfaction qu'il recherche, avec une économie d'efforts. Tout perfectionnement dans l'appareil de l'échange rend plus considérable cette économie; c'est pour en profiter que l'on crée des routes, des canaux, des ponts, des voies de fer, que l'on imagine la monnaie et les banques, qu'en un mot on réduit les obstacles, qu'on resserre les relations commerciales.

Mais un rapprochement matériel des hommes dû à l'accroissement de la population doit avoir le même effet et il a de plus l'avantage de s'opérer tout seul, sans coûter un effort, puisqu'il est le résultat du jeu d'une loi naturelle.

Ainsi, avec l'assurance, que l'organisation de l'homme le garantit, dans un régime de liberté, contre les dangers du trop-plein de la population, la tendance à multiplier, loin d'accumuler sur l'humanité les maux les plus redoutables, est au contraire une garantie de plus pour sa prospérité.

*
* *

Ces aperçus si consolants sont bien assurément ceux de Bastiat; quoique quelques-unes de ces idées aient

seulement à peine été ébauchées par lui, on a l'assurance qu'il les aurait mentionnées et développées dans
le chapitre qu'il voulait y consacrer.

Il faut convenir que les moins optimistes et les plus
prévenus ne peuvent manquer de goûter nombre de si
bonnes raisons pour se rassurer et croire à une certaine
harmonie sociale dans le principe de population. Dans
une question de cette importance, il serait bien inté-
ressant de trouver une formule exacte, mais Bastiat
affirme que Malthus n'avait pas pensé la donner d'une
façon mathématique [1], et quoi qu'il en soit, il ne la
reçoit pas. Il regrette de ne pouvoir l'exposer lui-même,
car les données du problème, « moyens d'existence,
empire moral de la volonté, action fatale de la morta-
lité » [2], sont si variables qu'elles s'opposent à toute
précision.

De nos jours, M. Levasseur, à qui revient le dernier
mot sur cette question de la population, pense encore
comme Bastiat, que « les lois expérimentales de la
population ne sauraient être renfermées dans « une
simple formule » [3].

Il faut donc s'en tenir à reconnaître simplement une
tendance favorable à l'humanité, une certaine Harmonie, sans espérer préciser davantage.

[1] V. *Harmonies économiques*, chap. population, p. 107 et suiv.
Contrà : E. Levasseur, *La population française*, tome III, liv. IV,
chap. I, p 7.
[2] Comp. E. Levasseur, *op. cit.*, tome III. livre IV, chap. I,
p. 27.
[3] V. E. Levasseur, *Population française*, tome III, livre IV,
chap. I, p. 21.

Ce serait peut-être aller trop loin que de la croire aussi favorable que Bastiat la présente, mais il est évident qu'il y a bien là cependant de quoi repousser les craintes dont s'assombrissait l'école classique.

Assurément si l'harmonie sociale se manifestait avec toute la force « prodigieuse » que lui trouve Bastiat, elle aurait déjà triomphé complètement du paupérisme et de la misère qui du moins n'existeraient plus à l'état de crise dans nos sociétés.

Cependant, il ne faut jamais oublier que Bastiat se place toujours dans un milieu spécial, le régime de liberté, qui comporte pour chacun pleine et entière responsabilité, et qu'en particulier dans la question de population, au point de vue théorique, il désapprouve comme funestes toutes les mesures soit-disant humanitaires [1] que l'on prend dans notre société et qui affaiblissent le sens de la responsabilité.

Quoi qu'il en soit, si la vieille question de la population reprise et ravivée par Malthus a autrefois, dans l'antiquité, causé des inquiétudes aux philosophes grecs [2], elle n'a ému depuis personne du moins sérieusement ni longtemps, en dehors des pessimistes. Dès l'époque de la domination romaine [3], nous remarquerons que de tous temps peuples et gouvernants [4] se

[1] V. *Harmonies économiques*, chap. responsabilité, p. 617 et 618; population, p. 532.

[2] Aristote, *les Lois*, l. IV; Platon, *République*, L. V; V. les propositions assez piquantes qu'il expose pour arrêter le développement de la population.

[3] Législation romaine : Lois Julia et Pappia poppea.

[4] Bodin, *Les six livres de la République*; ordonnance d'Henri

sont efforcés de grossir par tous les moyens le chiffre de la population sans crainte pour l'avenir de l'humanité [1].

On s'effraye même chez nous de la modération constatée dans l'accroissement du nombre des nationaux et l'on crie à la dépopulation.

Le spectre du paupérisme progressif n'a donc jamais terrifié les peuples et, sur ce point, l'opinion universelle à laquelle Bastiat en toutes circonstances attache tant de prix, lui eût certainement fourni son argument préféré.

IV du 8 avril 1599; Locke ; Vauban ; Mirabeau : *L'Ami des hommes*, tome I, p. 40 et 52.

[1] Il est vrai qu'ils se placent à un point de vue différent, celui de la défense du territoire et de l'équilibre des Etats. Mais dans ce cas même, s'ils avaient cru réellement à un danger fatal pour l'humanité, il nous semble que, devant l'impuissance de la législation nationale, ils auraient songé à une entente internationale pour ne point favoriser chez eux l'accroissement de la population. C'est le procédé toujours employé pour opérer les réformes qui intéressent l'humanité et qu'on ne saurait introduire dans un Etat isolé sans lui être nuisible. Il est donc vraisemblable qu'on eût fait pour la population comme on a essayé de le faire à la conférence de Berlin en 1890, aux congrès de Zurich (1893), de Bruxelles et de Paris (1900), pour la réglementation internationale du travail et encore comme à La Haye pour éviter la guerre qui n'est cependant qu'une institution appelée tôt ou tard à disparaître par la logique des institutions.

CONCLUSION

L'impression qui persiste après la lecture des *Harmonies*, est celle que procure le commerce d'une âme d'élite. Le contact de cette âme généreuse, enthousiaste comme celle d'un enfant, simple jusque dans ses élans les plus poétiques, rassure et réconforte.

Passionné pour le bien, Bastiat fait tout naturellement le sacrifice de son goût pour la retraite studieuse et se donne tout entier à l'œuvre qu'il poursuit avec la conviction et l'ardeur de l'apôtre.

Esprit original et très brillant, il nous conte avec une spirituelle naïveté les espérances et les rêves de son cœur débordant de bonté et de confiance.

Tel nous apparaît le plus brillant défenseur de cette école à laquelle on reproche d'être la théorie de l'égoïsme le plus inhumain.

L'excellence d'une nature si noble se manifeste dans toute son œuvre et toutes ses idées; si bien que sa conception même du monde social en est influencée.

Il espère être entendu en faisant appel à toutes les bonnes volontés, et voir se rallier autour de lui tous les partis dans une conciliation pleine de promesse. C'est peut-être en ce point qu'il se montre optimiste, mais ce n'est pas là ce que veulent dire ceux qui lui donnent cette épithète.

Cependant, il connaît l'homme et ne pense pas obtenir sa soumission aux lois de l'ordre naturel autrement qu'en lui montrant qu'il y trouvera son intérêt direct comme celui de la société tout entière.

Sans doute sa conception un peu subjective du monde social est un défaut chez un théoricien, elle le pousse parfois à reconnaître trop rapidement l'harmonie dans les phénomènes ; mais il n'en fait pas moins œuvre scientifique.

Persuadé que la justice a un rôle prépondérant dans la répartition sous un régime de liberté, il cherche à le prouver et s'arrête d'instinct au moyen le plus direct et le plus sûr pour y parvenir ; il nie la rente. C'est là une erreur initiale, et nous assistons tout le long de sa démonstration au curieux spectacle d'un esprit profondément analytique, d'un jugement sûr, qui, mal à l'aise dans la voie de l'erreur, dévie inconsciemment par la puissance de sa logique et aboutit, en définitive, à la vérité exacte, que par instinct il avait faussée en l'exagérant.

Ainsi jamais chez lui les entraînements de l'imagination ne l'ont fait tomber dans le domaine de la fantaisie d'une façon définitive.

Si la réaction qu'il a entreprise contre le pessimisme économique n'a pas produit l'effet qu'il espérait, si elle n'a pas amené sur tous les points un revirement d'opinions et de tendances, elle a du moins certainement montré l'exagération des craintes nées des théories de malheur[1]. Il a montré que le principe de population

[1] Cependant, c'est peu après que Stuart Mill préconisait l'état

n'était pas fatal à l'humanité ni la misère inévitable,
préparant ainsi par avance les moyens de repousser la
confirmation de la théorie pessimiste que Stuart Mill
devait formuler dans la loi du rendement non proportionnel[1].

Mais ce qui est d'une importance plus considérable,
c'est l'enseignement que nous devons tirer du spectacle des efforts, aussi pénibles que vains, faits par
Bastiat pour justifier le régime de liberté.

Toutes ses qualités éminentes, sa logique si serrée, sa
profondeur de vue, ses facultés analytiques, ont été
impuissantes pour asseoir la liberté sur la base inébranlable de la justice. On peut donc considérer sa
tentative comme définitive et concluante ; on ne saura
jamais mieux réussir. Il faut après cela tenir pour
assuré que l'on fait fausse route en cherchant à fonder
un système social uniquement, ou même principalement, sur une autre base que l'utilité, car toute autre
base, si recommandable soit-elle, peut être contestée.
Il faudra désormais s'attacher à rechercher simplement
l'*utilité* dans le fonctionnement de la liberté économique.

C'est ainsi que Bastiat nous prépare à l'avènement
de l'individualisme utilitaire qui devait bientôt apparaître après lui.

---

stationnaire dans ses principes d'économie politique, sous la
pression des craintes suggérées par le pessimisme. Nous ne parlons pas des théories des socialistes que le pessimisme favori-
sait trop pour qu'ils ne s'en servissent point.

[1] Stuart Mill, *Principes d'économie politique*, livre IV.

C'est un titre à notre reconnaissance qu'il convenait de signaler à côté du mérite modeste qu'on lui reconnaît ordinairement d'exercer les penseurs à rechercher les combinaisons harmoniques qui peuvent se remarquer dans les phénomènes sociaux.

BIBLIOGRAPHIE

BASTIAT. — *Œuvres complètes*. Édition Guillaumin, 1851 ;
2ᵉ édition, 1862-1864 ; dixième réimpression, 1893. 7
volumes.

J. GARNIER. — *Du principe de la population*. Paris, 1857.

R. DE FONTENAY. — *La question de la rente*. Journal des
économistes, mars 1860.

SHULZE-DELITZSCH. — *Capital zu einen deutschen arbeiten
Katechismus*, 1863.

LASSALLE. — *Herr Bastiat-Shulze von Delitzsch, der œkono-
mische Julian, oder Kapital und Arbeit*. Leipzig, 1864 ; traduction Malon, 1880.

P.-A. BOUTRON. — *Théorie de la rente foncière*. Paris, 1867,
p. 381 et suiv.

DUBOST. — *La rente*. Journal des économistes, nov. 1868.

WOLKOFF. — *Rente des emplacements*. Journal des économistes, nov. 1870.

Eugène DÜHRING. — *Kritische Geschichte der Nationalöko-
nomie und des Sozialismus*. Berlin, 1871 ; 3ᵉ édition, 1879;
chap. III, section 7 : Bastiat.

CAIRNES. — *Essay in political economy*. London, 1873, p. 319
et suiv.

DUPRAT. — *Bastiat, sa vie, ses écrits et ses idées économiques*,
Paris, 1878.

BONFURAND. — *F. Bastiat*. Paris, 1879.

D. DAVIDSON. — *Bidrag till jordrænteteoriens historia.* —
Etude sur l'histoire de la théorie de la rente foncière, 1880.

JOIRE. —. *La population, richesse nationale; appréciation vraie des principes de Malthus*, 1885.

GIDE. — *La notion de la valeur dans Bastiat au point de vue de la justice dans la répartition. Revue d'économie politique*, tome I, p. 249 et suiv., 1887.

M. BLOCK. — *Progrès de la science économique depuis Ad. Smith*. Paris, 1890; chap. XX, 2ᵉ édition, 1897.

BERTHEAU. — *Essai sur les lois de la population*, 1892.

ANDLER. — *Les origines du socialisme d'État en Allemagne*. Paris, 1897; introd. et chap. V : De la valeur sociale. La polémique contre Bastiat. Lassalle, p. 219 et suiv.

C. SENTROUL. — *Les Harmonies économiques de Bastiat. Association catholique*, n° du 15 septembre 1901.

TABLE DES MATIÈRES

CHAPITRE II. — Inégalité.

I

II

CHAPITRE III. — Misère

CONCLUSION

A. PEDONE, IMPRIMEUR-ÉDITEUR, PARIS